少し昔、北国の小さな村の昭和暮らし

網走稲富物語

成ヶ澤憲太郎
Kentaro Narigasawa

共同文化社

［もくじ］

第5章　稲富の生活

第6章 農作業、家畜、薪の切り出し

盆踊り／お祭り

❖稲富で見つけた土器、石器

稲富の野のひかりと風との出会い

石村　義典

稲富の野のひかりと風、そのなかに憲太郎少年を置く。私が大学の寮で憲太郎少年と、そして、稲富の野のひかりと風と出会って、すでに40年を超え、18歳だった憲太郎少年は、華甲をすでにもっている。その私は、古稀から八旬への中点に立っている。

「ガス降りがつづいています」、この御尊父からの端書の言葉を、窓のそと、寮の中庭に眼をやりながら、私にもらし、呟かれたことがあった。その歳、朔北の水稲は冷害のなかにあった。その歳の晩秋か、初冬に稲富をお訪ねしたおり、「これだけ、5、6俵だけ穫れたのです」とのご母堂の言葉をうけとめた。

「稲富」という地名そのものに、希望、願いをこめての成ヶ澤一族の、朔北の地への入植であったと想う。

幾度、稲富の野を訪うたであろうか。晩夏の麦刈りの季節、キタキツネが、食べ残したアキアジを千草川畔に見いだす晩秋、そして、厳冬の凍てる雪原の兎刈りの同行、私が、お訪ねしていた昭和40年代の前半は、明治末に成立した北海道農法の典型的な、プラウ馬耕を基礎とする「畜耕手刈」の、単婚家族による5町歩の農家、それが成ヶ澤家であった。耕耘機が導入されていたが、まだ、家族の一員としての馬がおり、その馬とは、大人に入りつつある憲太郎少年との友情の交流をもっていた。いま、眼前に、裸馬に跨り、稲富の野のひかりと風のなかを駆ける憲太郎少年を想う。御尊父恭平さんは、畝の長さ１８０ｍをこえる畝、その一直線、真っ直ぐの畝立ての名人であったとのことは、成ヶ澤憲太郎君の本家従兄弟宏之進さんの『網走市稲富郷物語』によって知るところである。

成ヶ澤憲太郎君の「網走稲富物語」、憲太郎少年と対話し、憲太郎少年とともに、稲富の野のひかりと風のなかを駆けることを重ねて10ヶ月をもつことになった。初秋、晩秋、初冬、厳冬、早春、そして、朔北の初夏へ、その10ヶ月、四季の巡りの中で、早朝、成ヶ澤憲太郎君からのメールを開く、早い時は、3時過ぎ、遅くとも5時前、その成ヶ澤憲太郎君のメールは25時発とか、26時発とかの発信時刻の記録を添えてのもので、発信時刻と開信時間との差は精々2、3時間の差しかもっていなかった。成ヶ澤憲太郎君は深夜の発信、私は早朝の受信、稲富の野のひかりと風のなかを駆ける憲太郎少年を追う夢をいだいて寝につき、その夢のなか憲太郎少年とともに薄明をもち、それを確かめるべく跳起をもつ。稲富の野のひかりと風のなかに、憲太郎少年の、積み重ねる成長の人生の営みに、自己の南での農の営みを見いだし、重ねる薄明をもった。朔北の朔北、稲富の冷害凶作には、南の降り続く梅雨のなかの麦の穂発芽、刈りおいた麦が梅雨の増水に流された、私の身のうちの記憶を想起し、零下30℃の吹雪の夜の戸外への自然の誘いには、我が家の、戸外の漆黒のなかへのそれを重ねた。稲富の野のひかりと風のなかの成ヶ澤憲太郎君、ご家族を想う時、いつも、明るさ、豊かさをうけとり、私の生への励ましをいただいてきた。彼、成ヶ澤憲太郎君の言葉、「貧しいことに気がつかなかった子どもたち」との言葉に、羨望をもつ、これでもか、これでもかと貧しさを押しつけられ、意識させられ、こころまで貧しくなっていった自己を思う。

この憲太郎君の「網走稲富物語」のなか、こころ豊かに成長してゆく憲太郎少年と出会い、対話し、ともに稲富の野のひかりと風のなかを駆ける想いをもつことができた。大人になった憲太郎少年、成ヶ澤憲太郎さんは、いまも、稲富の野のひかりと風をうけとめ駆けた憲太郎少年の新鮮、繊細な感性、こころの豊かさをもちつづけている。

まえがき

稲富の生活の背景

私は、稲富で生まれ、育った。稲富という地名を聞いても、そこがどんなところか思い浮かぶ人は少ないだろう。これは終戦後から昭和40年代までの、北海道の北東に位置するある一地方の生活誌である。

当時、稲富に限らず、私と似たような経験をした人は多いと思うが、今はもう見ることのできなくなった光景もたくさんある。私は、記憶の中のふるさとの景色を書き残しておこうと思う。まずは稲富について少し紹介させていただきたい。

1 稲富の位置と自然（気候、植生、地形、地質）

(1) 位置と気候

北海道北東部、オホーツク海岸に網走市の市街地がある。図に示すように、網走市の市街地から海岸線を東に10㎞、内陸へ南に10㎞くらいのところに網走市稲富がある。

網走の気候は、夏涼しく雨量が日本一少ないことが特徴である。日本で年平均降水量が1000㎜以下の地域は、1951年から1980年までの平均でみると網走（839㎜）、帯広（952㎜）、長野（987㎜）の3地域である。夏、網走を旅行すると、さわやかな空気とあふれる緑に囲まれて過ごすことができる。冬は雪は少ないが気温は低く、晴れた日はダイヤモンドダストがキラキラ輝くのが見られる。流氷が来ると、海は静まりかえり、一面の大氷原と化す。

稲富は、オホーツク海岸の藻琴湖から10㎞内陸にある。網走市街地と

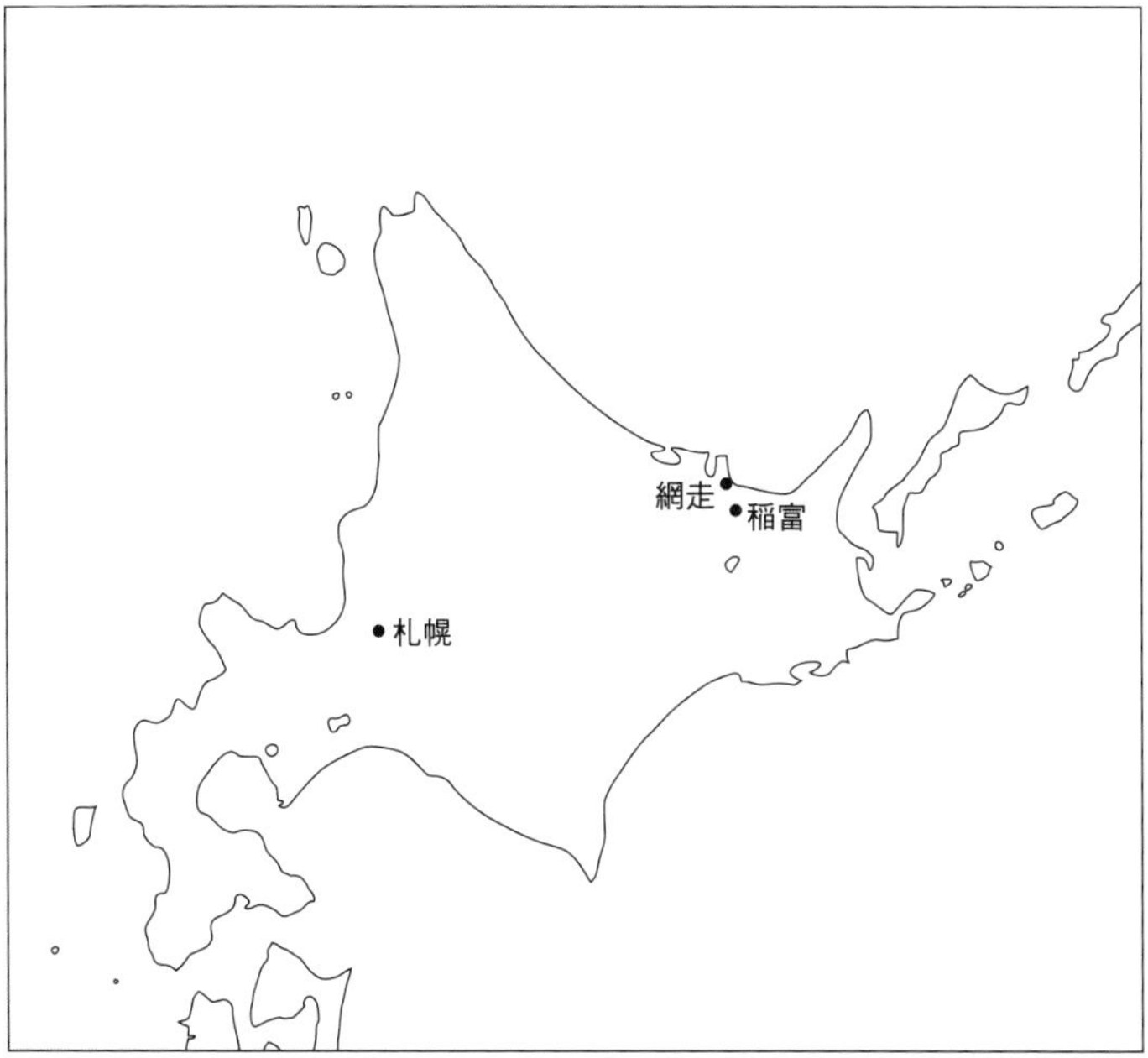

図　稲富の位置

ほぼ同じ気候であるが、内陸のため網走市街地よりも、夏は少し気温が高めで冬は気温が低めである。稲富の歴史でふれるが、今は大規模化した畑作農業で、モコト川が作った東西の丘の間の広い平野一面に広がる緑の畑を見ることができる。

網走市の気候は、理科年表で知ることができる。1983年の理科年表は、1951年から1980年までの平均値を示したものである。この本の舞台は1946年から1965年なのでほぼ近い気象数値になっていると思われる。表に東京と網走の気候の数値を示す。

網走の年平均気温は、釧路（5・6℃）根室（5・8℃）についで、日本で3番目に低い気温（5・9℃）である。8月の月平均気温は、網走18・6℃、東京26・7℃である。網走がいかに夏涼しい気候であるかがわかる。8月の日最高気温の月別平年値は22・3℃で

表　網走の気候と東京の気候（平均は1951年から1980年までの平均）理科年表1983

項目	網走	東京
年平均気温	5.9℃	15.3℃
月別平年気温最高値の月	18.6℃（8月）	26.7℃（8月）
月別平年気温最低値の月	−7.2℃（2月）	4.7℃（1月）
日最高気温の月別平年値	22.3℃（8月）	30.8℃（8月）
日最高気温の2月平年値	−3.4℃（2月）	10.0℃（2月）
日最低気温の月別平年値	−11.3℃（2月）	0.5℃（1月）
気温の最高記録	36.0℃（1924年）	38.4℃（1953年）
気温の最低記録	−29.2℃（1902年）	−9.2℃（1876年）
平均年降水量	839 mm	1460 mm

あるから、25℃以上の夏日などはそう多くないことがわかる。日最高気温の2月平年値は、マイナス3・4℃で真冬日である。

網走の最低気温の記録は、マイナス29・2℃であるが、10km内陸にある稲富では、マイナス30℃以下の日が一冬に5、6日あった。

⑵ 植生

北海道は、亜寒帯湿潤夏冷涼気候（ケッペン）に分類されている。網走の気候は、その中でも雨量が少ない乾燥した気候である。植生は、平地に白樺やエゾマツ、トドマツなどの針葉樹が混じる、ミズナラなどの明るい落葉樹の林が多い。シベリヤ沿海州（ウスリー川の密林）を舞台にした黒澤明監督の映画「デルス・ウザーラ」を観たが、私がウサギ狩りの猟場としていた家の近くの林とそっくりで懐しかった。

サクラが咲くのは5月末である。野外の農作業は、凍土が解けてからで、畑起こしができる4月後半に始まる。10月までの半年間の間に、一斉に作物が育ち、花が咲き、やがて実りの季節を迎える。ゆるやかな起伏の緑の畑や、ヒマワリやジャガイモ畑の一面の花は、道東の風景として、ポスターなどでよく見られるとおりである。

(3) 地形、地質

網走支庁は、オホーツク海に面する大きな三日月形の地域である。知床から阿寒に続く千島火山帯の山脈と大雪山から北見山地に至る山々に囲まれて、オホーツク海に向かってゆるやかに傾斜した平原になっている。網走は、藻琴山や斜里岳などの千島火山帯の山の火山灰が堆積した広い台地の間に、オホーツク海に向かって南北に流れる何本もの河川が浸蝕した平野が、丘と交互に東西に繰り返される地形である。

この本の舞台となっている稲富は、藻琴山から流れ出すモコト川とチクサモコト川が、標高100m前後の火山灰の平原を浸蝕してできた標高15m前後の平野に位置している。

2 稲富の歴史

明治38年、先住民が住んでいた土地に駒木米吉が和人として初めて来住した。以来次々と来住する人が増え、稲富の開拓が始まった。私の祖父成ヶ澤清次郎は、明治43年に開拓の鍬を下ろした1人である。

夏は涼しく、冬は零下30度にも下がる厳しい気象条件のなかで、入植した人々は道庁の指導を受け試行錯誤しながら、気候に適した作物を、次第に見つけていった。中でも大正3年に水稲の試作が始まり、大正12年に道の優良品種に決定された「北見赤毛」の出現で、水稲の栽培が大きく普及したことは、北の大地の開拓の歴史に大きな一歩を印した出来事であった。その後、昭和20年ごろまで水稲、ハッカ、麦類を主な商品作物とした農業が営まれた。

稲富地区の世帯数は、農業の安定とともに増加した。大正年代は50世帯から60世帯に増加した。昭和元年ごろ60世帯だった世帯数は徐々に増え、昭和30年ごろには100世帯のピークを迎えた。

戦後は冷害に強い甜菜、馬鈴薯などが加えられて稲富の農業は続き、高度経済成長政策が始まる昭和30年ごろまで人口も増加した。

日本の高度経済成長政策以降、人口流出が起こり、稲富の農業の大規模化が進み、稲作は消滅した。昭和30年にほぼ100世帯に達した世帯数は、昭和50年には40世帯にまで減少した。

さらに昭和50年以降平成20年までの33年間で、世帯数は徐々に減り、40世帯から32世帯になった。

農家世帯数の減少にともない、農業の大規模化は急速に進んだ。平成20年では、耕作面積100haを超える農家も存在している。

その結果、稲富の景観も大きく変化し、水田は見られず大規模な畑作が広がる緑の農園となった。機械化された農業では広い畑で働く人やトラクターの姿などはごく一部でしか見られなく

成ヶ澤家家系図

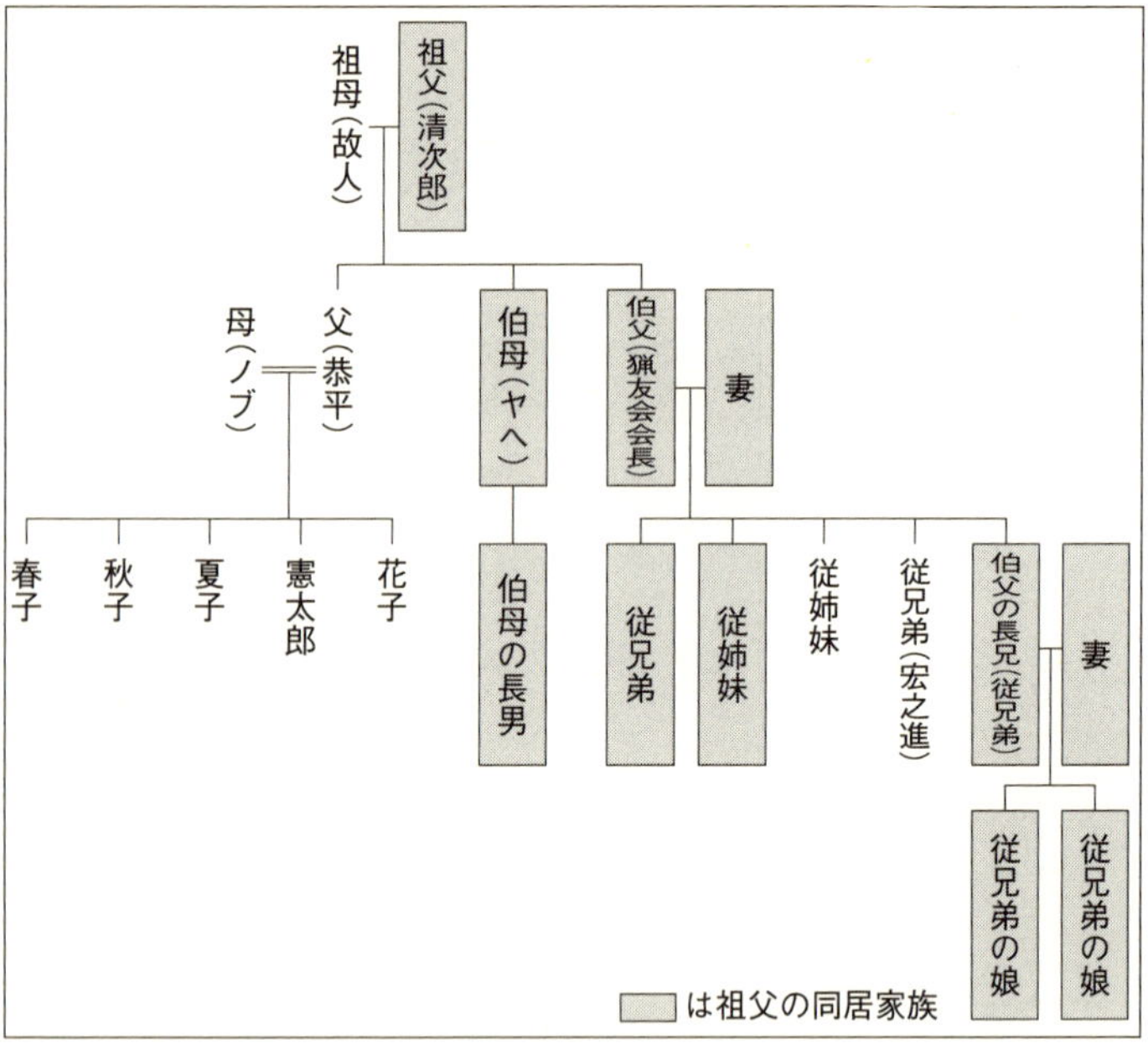

なった。

3　この本にでてくる人々

筆者の家族

父恭平、大正2（1913）年 稲富生まれ。母ノブ、大正10（1921）年 岩手県宮古市生まれ。長女花子、昭和20（1945）年 稲富生まれ。長男憲太郎（筆者）、昭和21（1946）年 稲富生まれ。次女夏子、昭和23（1948）年 稲富生まれ。三女秋子、昭和24（1949）年 稲富生まれ。四女春子、昭和26（1951）年 稲富生まれ。

父の実家（本家）
　祖父清次郎、伯父貞一郎（稲富猟友会会長）夫婦、長兄（従兄弟）夫婦、従兄弟の娘（２人）、従兄弟（１人）、従姉妹（１人）。伯母ヤへ、伯母の長男（従兄弟）11人家族。
小学校（複式学級３クラス）
　校長先生、教頭先生（F先生）、女性教師（２人）。
一学年（11人～20人）、全校生徒（１００人前後）。
私の同級生11人（男７人、女４人）
雑貨屋３軒（酒屋、簡易郵便局・タバコ、集乳所）
　農家１００軒

INATOMI

第1章 狩猟

稲富は農業で生計を立てる家が多かったが、狩猟も生活の一部になっていた。自然に囲まれていたため夏冬問わず、様々な猟をした。狩猟方法も獲物に合わせ、罠も工夫して作った。カモやエゾライチョウは貴重な蛋白源となり、ウサギやリスは毛皮を売った。また、家畜を守り、農作物の被害を防ぐためにも重要な仕事のひとつだった。生き物を殺して食べることで命をいただく重さも知った。

❖狩猟（1956～1965年、ウサギ、エゾリス、エゾライチョウほか、獲物の解体、銃弾作りなど）

1　猟銃狩猟

(1)　猟銃狩猟への参加

父の村田銃による狩猟のお供をして、歩き始めたのは小学校4年生のころだったと思う。それまでも、イタチやエゾユキウサギの罠猟の仕掛けや見まわりにはついて歩いていた。

4年生の冬、初めてスキーを履き鉄砲を持った父について近くの山（中園）にウサギ猟に出かけた。母が作った握り飯と焼いたスルメの弁当を持ち、水は現地調達。沢に下りてストックの輪に雪を載せ沢の水を滲み込ませて持ち上げ、滴る水を飲めば良かった。昼飯はスキーを履いて立ったまま食べた。5分も経たずに食べ終わり、すぐにスキーで歩き出す。北国の夕暮れは早く、4時ごろには日没である。一日中スキーで歩き続けて、夕暮れに帰途につく。

家に着きスキーをはずしても、しばらくはスキーで滑りながら歩く感覚がとれない。家に入ると、すぐまぶたは重くなってくる。それでも晩御飯を食べたあと、獲物の皮剝《かわは》ぎが待っている。一晩置くとカチカチに凍ってしまって皮を剝《む》くことは難しくなる。ウサギくらい大きくなると、表面だけ解かしても体が凍っていて手足が曲がったまま固まった状態になり、剝くのはかなり面倒な作業になった。

(2) エゾユキウサギ（シベリアのユキウサギの亜種、本州の種はノウサギ）

雪の少ない稲富では、正月まで1㎝から3㎝位しか雪に覆われない年がある。そんな年、白く毛変わりしたウサギは枯れたヨシ原のように白っぽい枯れ草の中に昼の寝場所（隠れ場所）を決める。薄い雪に残ったかすかな足跡を頼りに、猟師はヨシ原の中にウサギを探し、仕留める。枯れたヨシ原のなかでは、ウサギの白が見わけられて探しやすい。

猟をするには雪の中でウサギが潜む昼の寝場所を探す。歩幅が小さくなっているウサギの足跡を見つけ、さらにウサギの「止め足」を離れた場所から確認し、ウサギが隠れて寝ていそうな場所に見当をつけるのだ。父のウサギ狩の勢子《せこ》になった私は、ウサギが寝て（隠れて）いそうな場所を、父とは反対側へ大きく回り込み、寝場所めがけてまっすぐスキーで踏み込む役目であった。まだ人間には見つかっていないと思っているウサギは、真っ直ぐ向かってくる私に驚き、10mくらいまで近づくと飛び出して反対側の父が待っている方向へ逃げ出す。鉄砲をかまえて待ち伏せている父は、

首尾よく一発で仕留めるというのが、雪の中のウサギ狩の基本パターンであった。

ウサギの「止め足」は、ウサギがキツネなどの追跡を避けるための行動である。昼のねぐらに良さそうな茂みや斜面を見つけたら、真っ直ぐ20ｍほど進んで足跡の上を真っ直ぐ戻り、真横に２ｍぐらいジャンプする。これをねぐらに入る前に３回から５回ぐらい繰り返す。キツネはこれに気づかず足跡を真っ直ぐ追って見失うのである。

猟師は、これを逆に利用して寝場所を突き止める。ウサギは、自分の「止め足」を常に見張っていて、人間が「止め足」で立ち止まると、見つかったと思いまさに脱兎と化して反対方向へ逃げ出してしまう。したがって、猟の名人は足跡を読み取る専門

ウサギの止め足

家でなければならない。

明け方寝場所を探すウサギの足跡は、少し歩幅が狭まりねぐらを探しながら歩いて(跳んで)いる様子が読み取れる。このような足跡を見つけたら、足跡を目で追いながら離れたところから「止め足」を捜す。遠目に止め足を追いながら3回目くらいの「止め足」で最終的な寝場所をピンポイントで推定し、勢子に追い出しルートを指示するのである。逆に、地形や木、藪の茂り方などから逃げ出す方向が読み取れる時は、その方向に鉄砲を持った父が移動し、撃つ体勢ができたら笛（空の薬莢を吹いて音を出す）で追い出し開始の合図を出す。笛の音は自然界の音としてウサギの警戒心に響かないようである。1人で猟をする名人は、止め足を徹底的に読んでウサギがねぐらに入った足跡とは反対の方向から静かに近づき、じっと目を凝らして捜す。10mぐらい先の白い雪の中に、突然黒い目玉と黒い耳の先が浮かびあがり続いて少し不透明な白色のウサギの全体像が浮かび上がる。この段階では、ウサギは見つかったと思わず、自分の保護色を信じてじっとしているのである。猟師はこれを置きウサギ（寝ウサギ）を獲ると呼び、じっくり狙いを定めて撃ったのである。

父はあるとき、2mぐらいの距離で置きウサギを見つけ、銃を下げて肩より後ろで引き金を引いたが、散弾銃でウサギの頭が吹っ飛び体は煤で黒くなったそうである。

ウサギの足跡を追跡し寝場所付近を突き止める私は、ウサギが通る登りの急斜面や藪の中をスキーで追いかけた。あらゆる雪質あらゆる地形を滑ったり登ったりする山スキー技術（バイアスロンの原型）は自然に身についてしまった。余談であるが、ノウサギは飼いウサギ（アナウサギ）と違い後ろ足が極端に長く、下りの急斜面は不得意なので、崖のような急斜面を下ることはなく、私が崖を滑って追いかける必要はなかった。

父の射撃の腕前は、今の国体に当たる神宮競技で5人の北海道代表のうちの1人になったほどであった。ウサギ猟でも時々腕試しをしたそうである。若い甥たちとウサギ猟に行き、ウサギを追い出させるとき、わざわざ全速力でウサギが父の方へ走るように指示した。撃ち取るときは、引き金を引く一瞬前にウサギの鼻先2ｍに狙いをずらして撃つと、丁度ウサギが進む距離と銃弾が進む距離が出会い、被弾したウサギはそのまま10ｍくらい先にすっ飛んでいったそうである。

(3) エゾリス（木ネズミ）

エゾリスは毛皮獣として貴重であった。毛皮はイタチの毛皮とともに、毛皮商に売れた。エゾリスはホンドリスよりも大型で冬眠はしない。トドマツやエゾマツの枝が茂った中に、直径50㎝位の球形の巣を作り昼は中で眠っている。巣の表面はエゾマツやトドマツの枝葉で作られており、ただの枝が混んだ場所のように見える。巣の内側は柔らかい乾燥した草などで暖かく作られている。夜はカラマツの松かさやエゾマツ、トドマツの松かさを食べるため木と木の間は雪上も移動するので足跡を追跡することができる。常緑のエゾマツやトドマツの中に巣をみつけたら、銃を持った猟師は巣のある木から10ｍくらい離れ撃つ準備をし、勢子は巣のある木をスキーやストックで敲いたり蹴ったりしてリスを追い出す。ビックリして巣から飛び出したリスは、近くの木に掴まってとまる。あまり動かないので銃で撃ち落すのは簡単である。私も自分の銃を持たされてからは、何匹か撃ち落とした。

ところで、毛皮を剝《は》いだ後の肉は誰も食べずに捨てるのが普通であった。私はリスは植物食なのでその肉が美味そうに見え、腿をフライパンで焼いて醬油味で食べてみた。とても美味しかったが、家人は誰も「木ネズミ」には手を出さなかった。

⑷　カモ（マガモ）

カモはマガモ、コガモ（我々はギャッキャと呼んだ）が多かった。狩猟対象はマガモであった。カモは狩猟が解禁になる10月ごろに獲ることが多かった。父は藻琴湖で１発でマガモを３羽撃ち落したが、全部湖へ落ちた。藻琴湖はアイヌ語でモコトトウ（浅い沼）と呼ばれており、水深は浅い。父は舟も無いので意を決して素っ裸になり、薄氷の張った湖へ胸まで浸かって入って行き獲物を回収したそうである。川ではカモは用心深く、射程内へ近づくのが難しい。近づいて飛び立つのを撃つのであるが、まさに競技のクレー射撃のようであった。

カモの羽をむしるのは、我々子どもたちの役目であった。庭に筵《むしろ》を敷き、その上で羽をむしりとる。薄寒い野外でむしったカモの羽が膝を埋めてくると、ホカホカと暖かくなってくる。暖かさと、カモ料理の期待で子どもたちは喜んで羽むしりをしたものである。

春には、子ガモを連れたカモ一家が川で餌を獲っていることが多い。家の裏にチクサ川の支沢が流れていた。富永さんという農家があったので、私たちは富永さんの沢と呼んでいた。あるときその小川でマガモの一家を見つけた。子ガモは飛べないので、親鳥が逃げて飛びたった後に流れの水底を上流に向かって走って逃げる。私は、膝をまくって流れに入り水底を走る子ガモを追いかけ捕まえた。3羽くらい捕まえて飼って育てようとしたが、死んでしまった。稲富には、子ガモを捕まえて上手に育て、網の檻で大きくなったカモを秋に食べる人もいたので、それを真似るつもりであったが飼うのは難しかった。

(5) エゾライチョウ

エゾライチョウは北海道ではヤマドリと呼ばれ猟鳥である。丸々と太っておいしい鳥である。つがいでいることが多く、オスかメスの一方を獲ると残った一方は逃げずに必ず近くに居て獲られるのが普通である。ある秋の日、私は我が家から2㎞くらいの中園側にある山に1人で鉄砲を持って入った。紅葉が半分くらい散った林の中でヤマドリのつがいを見つけた。猟銃初心者の私はドキドキしながら1羽に狙いを定め見事に仕留めた。しかし、もう1羽が近くに潜んでいるはずなのであるが、どうしても見つからない。30分くらい探し回ってとうとう諦め、1羽を手にして山を下りた。その夜の我が家の夕食は、ヤマドリの肉とジャガイモ、人参、牛蒡の旨煮で家族皆から褒められた記憶がある。

エゾライチョウ

⑹　スズメ

スズメは水田稲作において、害虫を食べてくれる益鳥と言われているが、稲富では乳熟期のモミを片端から嘴でつぶして啜《すす》る害鳥である。したがって、違法ではあったが背に腹は変えられず霞網を田の畦に仕掛けて随分捕まえたものである。小学生の私は、霞網にかかってもがいているスズメを首をねじり、手で胸の皮を開き胸筋を取り出し焼き鳥にして食べた。胸筋はスズメの体重の半分位を占めているのではないかと思えるくらい大きく、とても美味しく楽しみであった。頭や足の残りは飼い猫のご馳走になった。ところが飼い猫も学習したのか、霞網にかかっているスズメを、人間が居ないときに飛びついて獲り、食べるようになった。猫が霞網のスズメに飛びついて獲ると、霞網はたちまち破れてしまう。終いには、霞網の下の方は引き裂かれて穴だらけになってしまった。

スズメは鉄砲でも獲った。散弾は粟粒くらいの小粒な弾を使う。散弾の数がとても多いので、群れの真ん中を狙えば1発でスズメは10羽くらい落ちてくる。そのかわり射程は稼げないので、うまく群れに近づけるかどうかが勝負であった。

2 罠猟

(1) ホンドイタチ

イタチは北海道も本州も同一種だが、北海道のイタチは本州のイタチよりかなり大きい。もう時効だから話すが、イタチは〝密猟〟であった。しかし、毛皮が高く売れるので人目に隠れて獲ったのである。父は、イタチの毛皮は水に強いので米軍の背嚢に使われていると言っていた。

イタチは、竹筒と呼ばれる罠とトラバサミで獲った。竹筒は、孟宗竹を長さ15㎝くらいに切り、入り口となる筒の内側に針金を回し上に開けた小さな穴から引き出しバネにつないである。バネは竹筒の奥の方に取り付けた餌（鶏肉などの肉）が引かれるとはずれ、入り口の針金を上に

イタチ

引き上げる。竹筒に頭を突っ込んで餌に食いついたイタチは、バネで首をきつく締め上げられる仕掛けである。小さな穴に頭を突っ込んでネズミなどを狩るイタチの習性を利用した罠であった。

竹筒が早めにはじけるなどして1度でも竹筒から逃れたイタチは、2度と竹筒にかかることはない。イタチの足跡を読んで、よく通る場所にトラバサミを仕掛けて獲る方法もあった。あるとき、仕掛けたトラバサミを見回りに行ったら、足だけがトラバサミに挟まれた状態で残されていた。トラバサミに掛かったイタチは、外せないことを知り自分の足を食いちぎって逃げたのである。イタチの獰猛さ、激しさと必死の決断（？）に、自然界に生きるものの厳しさを教えられた覚えがある。

イタチが鶏小屋に侵入したことが1度あった。イタチは、次々と鶏の血を吸って殺すといわれている。時期は夏であった。5、6羽殺された。進入した穴を塞ぎその前にトラバサミを仕掛けたが、その後、2度と鶏舎に侵入することはなかった。

イタチの最後っ屁といわれているように、皮を剝ぐときは強烈な匂いがする。冬、ストーブで暖められたたった1つの

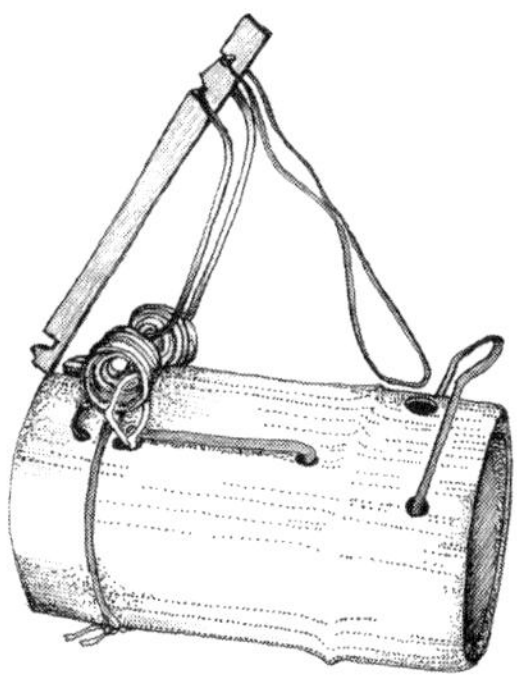
竹筒

部屋（居間）に、新聞紙を敷いて皮を剝くのであるが、家人は避難する部屋も無く、なるべく離れて我慢するしかなかった。匂いが出る場所は、肛門の近くにあり、尻の部分の皮を剝くときに強い匂いがする。私の記憶では、臭いといってもスカトール、インドール系統（糞や屁の匂い成分）の匂いではなく、麝香系統の強烈な匂いであった。イタチの皮は、天井裏に吊るして乾燥させた。乾燥させた皮を、鞣《なめ》さずに毛皮商に売った。我々は、毛皮を鞣すことはできなかった。

(2) 皮剝きのやり方

皮剝きの方法は、エゾユキウサギ、イタチ、エゾリスなど獣で共通している。下顎の唇のところから刃を入れ、胸の辺りまでまっすぐ皮に切れ目を入れる。顎から頭にかけて皮と肉の間に刃を入れながら上唇から上を剝くと、ギョロ目になった頭部が現れる。裸になった首を縛って上から吊るし、首から肩へかけては下へ引っ張って皮を剝がす。ときどき剝がれないところに刃を入れる。肩から皮を脱がすように前足を引っ張り出す。前足首関節の下の部分で骨を折り（切り）長手袋のように脱がせる。

両前足を剝いたら、胴は皮を引っ張りながら腰の辺りまで皮を脱がせるように筒状に引き下げる。腰の辺りで、後ろ足を前足と同じ要領で剝く。後ろ足も長靴下のように皮を脱がせる。

前足（前足首関節）も後ろ足（後ろ足首関節）も足の部分（人間で言えば指の骨）には肉は無いので、皮と同じに乾燥する。肛門の周りの皮を剝がし、尻尾（イタチやリスは20㎝～25㎝くらい、ウサギの尻尾の骨は短く5㎝くらい）は半分くらいまで裏返しに引っ張って剝き、残りはしごくように引っ張って骨を引き抜く。

このままでは、胸から下が筒状で裏返しになった毛皮なので、表を出して胸から肛門まで開き、両手両足も手首足首まで切り開く。獣の皮は、天井裏に吊るして乾燥させた。剝いた生皮を木の枝を使って頭の部分、胸の部分、腹の部分、腰の部分で横に突っ張り広げ、ぶら下げて乾燥させた。

⑶　ウサギ罠

ウサギの罠猟を始めたのは5年生の冬であった。中園の高台と稲富平野の境にある森林にウサギの罠を仕掛けた。歩いて30分くらいの場所で、朝6時ころの暗いうちに起きて見回りにいった。ウサギの罠は細い針金を輪にして、ウサギの通り道に仕掛ける。ウサギが通りかかり、首の位置にある輪に気づかずに頭を入れそのまま前進すると輪がしまって首が締まる。普通は逃げようとして引っ張るので、ますます首が締まり死んでしまう。

根雪になる前、ウサギは背の高い草や木の枝を歯で切り取り、ウサギが通れる幅の通路をつくっている。この場合は確実にウサギが通るので罠に掛かりやすい。ある日罠をしかけて1週間目くらいに、朝の見回りに行くとガサガサと枯れ草が鳴りウサギが暴れる音がする。急いで駆けつけると茶色と白のまだ毛換わりが完成していないウサギが罠にかかり、針金を縛りつけた小さな木の周りを走り回っていた。5年生の私は、一瞬どうしようかと思ったが、次の瞬間足でウサギの首を踏みつけ押さえ込んでいた。死ぬまで踏みつけている間、私の膝はガクガク震えていた。膝の震えは命を奪うことへの畏れだったろうか。初めて自分だけで獲った獲物であった。家に持って帰って認められた思い出である。

根雪になると全ては雪に埋まり、ウサギは自由にどこでも歩くことができる。それでも、塒《ねぐら》地帯と餌場の間には決まった通り道があって、同じ踏み跡を何度も利用する。罠を仕掛ける場所は、ウサギの通り道を見て木と木の間など狭くて必ず通らなければならないところを選ぶ。5年生の冬には、雪の上の罠でさらに2匹くらい獲ったと思う。罠に掛かって生きたままだったのは最初の1回だけで、後は全て死んでいた。

ウサギの毛皮は、毛皮としては売り物にはならなかったが、自家用としていくつかの利用法があった。母は、我々子どもの頭布や衣服を作るときに、防寒用としてウサギの毛皮をつけてくれた。頭巾の顔の周りにウサギの毛皮がふさふさとついていたり、服の袖口にウサギの毛皮があしらわれた。

ウサギの後ろ足は、爪を切って刷毛にして使った。後ろ足は長さ15㎝くらいあり、足底には少し固めの毛が密生し、つま先と足首を紐で結んで取っ手にすると立派な刷毛になる。この刷毛は、水田苗代の温床の障子に油を引くときに重宝していた。

一時期、ウサギは植林した幼木の木の芽を食べて枯らしてしまうので害獣として駆除対象となっていた。1匹につき50円くらいの駆除奨励金がでていた。ウサギ駆除の確認には、ウサギの耳が使われた。エゾユキウサギの耳の先は黒く、飼いウサギ（アナウサギ）と区別できたのである。

⑷　ミヤマカケスの捕獲と飼育

北海道のミヤマカケスは頭も茶色である。本州のように白くはない。カケスはカラスの仲間で賢く、鳴きまねができると言われていた。カケスやスズメを獲るには、篊《とおし》を利用した落とし罠を使った。篊とは長さ1・2m×幅90㎝×深さ15㎝、網目1㎝の穀物を選り分ける網のことである。高さ50㎝くらいのつるべ型の横木の一方に載せ、一方を糸で引っ張り雑穀などの餌を撒いた中に置いた細い止まり木に繋ぐ。カケスやスズメが篊の下に入って餌を食べるために止まり木に止まると、支えの糸がはず

ミヤマカケス

れて横木が筵の重さで下向きに半回転し、筵が落ちて鳥が捕らえられる。これでカケスを捕まえ、鳥小屋を作って飼った。毎日、「オハヨウ」と教えたがついに鳴きまねはできなかった。半年くらいで放してやった。

(5) エゾシマリス（コロン）

エゾシマリスは、どういう訳か私の親戚ではコロンと呼んでいた。鳴き方が「コロン」と聞こえたかどうかは定かではない。シマリスは、地面に巣を作り冬眠する。夏場は木の上でも見かけられる。釣竿の先にテグスの輪を作りシマリスの鼻先に持っていくと、シマリスは自分で輪を首にかけるのでそのまま吊り上げて捕まえることができた。目の前の邪魔物を前足で掻き分けて体の後ろへ除き去る動作だったかも知れない。網かごで飼うと、餌も食べ、飼いやすく、冬は冬眠した。ヨーロッパ系のシマリスのように手乗りするほどには慣れなかった。

(6) ネズミ獲り（番外編）

水場に近いところに仕掛けるイタチ罠の竹筒に大型のドブネズミがかかることがたまにあった。家でネズミを獲るときの餌はカボチャの種を使った。

我が家には私と同じ年のピゲと言う名の飼い猫がいた。クマネズミが、毎晩天井裏で運動会を始めるので、ピゲを連れて天井裏に上がる。ピゲと私が上がるとクマネズミは動かず音を立てない。しかし、ピゲは獲物を見つけたらしく尻尾をモゾモゾさせて構えの姿勢に入る。そのうち、猛然と突進してネズミを捕らえる。ピゲは、大きなクマネズミを銜《くわ》えて、食べるのを楽しみ（の様に見えた）にサッサと下に下りて行ってしまう。猫は獲物を1匹獲れば無駄な殺戮はしない。猫のネズミ退治はいつも1匹獲るとおしまいであった。ピゲは大きな三毛のメス猫で24歳まで生きた。

刈り取った稲は乾燥させて「にお」にして水田に積む。脱穀の時に「にお」から稲を馬車に積み脱穀場所に運ぶ。稲が「にお」から無くなっていくと、「にお」の下にネズミが土を盛り上げて巣穴を作っている。食糧庫の中に巣を構えたようなもので、ネズミにとっては天国であったと思う。鍬でネズミの穴を掘っていくと、ネズミが飛び出してくる。大型でドブネズミであったかもしれない。飼い猫のピゲを連れて行っても、ピゲは1匹獲物を獲れば十分で意気揚々と水田から引き揚げてしまう。この点、犬は次から次へとネズミを捕まえて殺すので、ネズミ退治には適していたが、そのころ、我が家には飼い犬は居なかった。私は、素手や軍手を穿いた(手袋を嵌めることを穿くと言った)手で、飛び出したネズミを片端から捕まえ頭をそのまま指でつぶした。窮鼠猫を嚙むより素早く、捕まえた途端に指に力を入れてつぶした。随分野蛮であったが、犬より役に立ったのかもしれない。

3　私が獲れなかった猟鳥や猟獣

(1)　カラス

ハシブトガラスやハシボソガラスが棲んでいたと思うが、区別はしていなかった。とても利口で、銃口を遠くから見つけて逃げてしまう。私も、鉄砲を持って獲ろうと狙ったが、いつも遠くから私を見つけて逃げてしまった。畑に播いた大豆やトウモロコシの種をほじくるカラスを近づけないためには、カラスの死骸を吊るすのが一番効果的であった。吊るすカラスを鉄砲で獲った人は、家畜小屋や物蔭に完全に隠れて撃っていたと思っている。あるとき、猟友会の人のお婆さんが、うるさいカラスを追い払おうと猟銃を持ち出したが、カラスは全く逃げなかったそうである。お婆さんはカラスに馬鹿にされたと、とても悔しがっていた。お婆さんが鉄砲を撃てない事がどうしてわかったのか、今でもとても不思議である。

(2)　キタキツネ

キタキツネの戦後の生息数の消長は激しく、私がキツネも獲りたいと思っていたころに最も生息数が少なくなった。ただ、キタキツネがたくさん生息していたとしても、賢いキタキツネを獲ることは難しかったと思う。ウサギ猟に出かけた時、キツネの足跡も見かける。心をときめかせて足跡を追いかけた。しかし、キツネは1㎞も先から逃げ出し、逃げた足跡だけを見せられるのが普通であった。

戦後、カラマツ植林の幼木をネズミから守るために大量の殺鼠剤を撒き、殺鼠剤で死んだネズミをキツネが食べてキツネが激減した。キツネが減ってウサギが増え、ウサギがカラマツの芽を食べたので、結局人間はカラマツを自然の仕組みから守ることはできなかった。

戦前から戦中にかけてキタキツネの生息数は多かった。父も口発破でキツネを獲っていたそうである。キツネが減った時期の後、殺鼠剤を使わなくなって10年程経った昭和45年ごろからキツネは再び増え始めた。丁度、スポーツハンターも増えた時期であった。新しいハンターは、銃からして村田銃とは違う最新の物を装備していた。遠くから逃げるキツネも射程に納めることが可能だったようである。

昭和48年ごろ網走に帰省したときのことである。田舎で雑貨店を始めていた父のところに、ハンターが自分で獲った5、6匹のキツネを売りに来た話を聞かされた。店の前に並べられたキツネは、キツネ色のキタキツネや黒っぽい銀狐、それに胸にきれいな白い十字形の模様があるキツネなど、毛皮養殖場から逃げ出したキツネとの混血が目立ったそうである。

(3) エゾシカ

エゾシカはとても大きい。私には競走馬くらいの、大きなオスのエゾシカを見た印象がある。エゾシカも生息数の消長がある。エゾオオカミのいた明治時代には、春の堅雪に足をとられるエゾシカをエゾオオカミやアイヌの人達が獲っていた。積雪の多寡によって、エゾシカ生息数も少し影響を受けていた。その後、生息環境が変わり激減して保護対象になった。昭和30年ごろ私が小学生だったとき、隣村の山里の猟友会仲間が里に現れたエゾシカを撃ち取った。仲間伝いに我が家にもエゾシカの肉が廻ってきて、お相伴に預かった。柔らかくて乳臭くて、とても美味しかった記憶が残っている。その後、獲った人は密猟の疑いで警察に捕らわれた。罰金などの結果は知らなかったが、お相伴に預かった我々にはお咎めはなかった。

その後、昭和47年ごろ、冬の日高に登った帰りに浦河の寿司屋でエゾシカの刺身を食べた。エゾシカの刺身は初めてであったが、肉の刺身がこんなに美味いものであるとそのとき初めて知ったのであった。

(4) 羆

新聞報道の初期、明治のころから北海道の羆の記事はなにかと多かったのではないだろうか。日本で、人間を捕食することができる唯一の獣であったことが理由の1つであったと思う。

私の羆の記憶は、小さいころから毎年秋に食べることができる羆の肉の味であった。背骨のスープは大鍋に作り、1週間以上にわたって麺のだしや野菜スープとして利用され美味しかった。稲富には2人の羆獲り名人が居て、秋には2人の名人がそれぞれ撃ち取った羆が必ず何頭か運ばれてくる。小川のそばで解体し、捨てるところは無く、腸も小川で洗ってすべて村人に分けられる。我が家には、羆の胆や羆の掌が吊るされていた。掌を味わった記憶はないが、羆の胆はお腹を壊したときなどに削って苦いのを飲まされた。

羆撃ち名人の1人は、よく冬で暇な時期に我が家に遊びにきた。名人は来るたびに羆撃ちの話を聞かせてくれた。

羆撃ちの極意は、じっと待ち伏せて羆が至近距離まで近づいたとき、槍を刺すように銃を羆の頭に突きつけて引き金を引くことであった。単発の村田銃は撃ち損じたり不発だったら一貫の終わりである。アイヌが羆の懐に飛び込んで心臓をマキリで刺すほうが確実だったかもしれない。ただ2人の名人は、2人とも失敗することなく羆撃ち人生を全うした。

4　中学生ハンター

(1)　中学生でも狩猟の先生だった私

Ｆ先生は私の小学校の恩師である。私が小学校を卒業して隣村の山里にある豊栄中学校に入った後、Ｆ先生が村田銃を手に入れ、「稲富猟友会」に入った。私は中学生だったが、新米ハンターのＦ先生の狩猟の先生でもあった。

私が中学１年の冬休み、毎朝のようにＦ先生が私の家に来て「成ヶ澤くーん」と呼びかける。Ｆ先生はスキーを履き、銃を背負ってウサギ猟の出で立ちである。私は大急ぎで弁当を用意し、ウサギ猟に出かけた。そのころ、既に私はウサギの足跡を読み、ウサギを追い詰め、銃を構えて待つハンターの方向へ追い出すことや寝ウサギを見つけることにかなり習熟していた。Ｆ先生は、私を勢子として猟の仲間にすると同時に、ウサギ猟の方法を私から学ぶことができた。私が毎日でもウサギ猟に行きたいと思っていても、父や親戚の猟師はなかなか猟には出ない。そこへ、Ｆ先生の誘いである。私は、冬休み中喜んでウサギ猟のお供をしたものである。冬休みの宿題などはそっちのけで、結局冬休みの最後の日にまとめて片付けていた。

Ｆ先生は、最初のころなかなかウサギを獲れなかった。私がＦ先生の方へウサギを追い出しても、体を動かしたり音を立てたりしてウサギに気付かれ逃げられるのである。それでも、狩猟シーズンが終わるころには経験を積んでなんとか獲物を仕留められるようになった。2年目には1人で寝ウサギを仕留めることができるまで上達した。

⑵　中学生の村田銃

中学2年か3年のころだったであろうか。今では考えられないことだが、稲富猟友会の会長をしていた伯父が、小型の村田銃を私に持ってきてくれた。小型といっても立派な猟銃である。最初の獲物はヤマドリ（エゾライチョウ）であった。後年、北海道大学恵迪《けいてき》寮の友人と網走の実家に集まり猟に出かけたとき、私がエゾリスを撃ち取ったのもこの銃であった。一方、父が愛用した銃は私の子ども用（?）の銃とは異なり、特別銃身の長いものであった。私は密かに「長銃」と呼んでいた。「長銃」とは、私が子どものころ読んで胸躍らせた北米ロッキー山脈を舞台にした小説で、銃身の長い銃を持った主人公のあだ名であった。

猟友会の会長は、藻琴の駐在さんとも親しい。銃の所持許可や狩猟の免許の手続きは、猟友会会長が毎年まとめて世話していたと思う。登録されていない銃を未成年の私に与え、自由に使わせたりすることが違法であることは、猟友会会長の伯父は十分知っていた筈である。しかし当時は私も父も、警察が見に来ることも監視することもなく、一家の内で許可や免許を持っている人がいれば、全員許されると勝手に思い込んでいたように思う。

銃の管理は、農具のようにとても簡単であった。本家の伯父の家では、玄関を入った広く長い土間の一角に銃架があり、5、6丁の銃が手入れされて並んでいた。私に持ってきてくれた村田銃も、そのうちの1丁だったと思っている。そんなに広くもない我が家では、銃は床の間に無造作に置かれていた。

銃を、鍵のかかる保管場所に入れるように警察から指示がきたのは、昭和47年ごろだったと思う。そのころ帰省すると、父は保管庫を作って銃を入れ、鍵を掛けていた。きっかけとなる事件があったのかどうかは憶えていない。ただ、浅間山荘事件は、この後に起こっている。

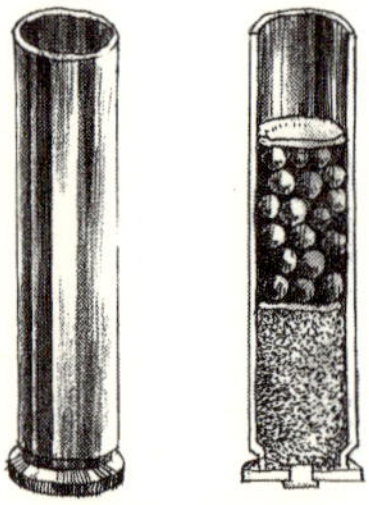

火薬と散弾を
詰めた薬莢

(3) 銃弾の製造と薬莢への弾込め

銃で撃つ弾は、薬莢に雷管を取り付け、火薬、鉛弾を詰めたものである。村田銃では、真鍮の薬莢を繰り返し使っていた。最近といっても昭和40年ごろからの銃弾は、厚紙製の使い捨てタイプで雷管、火薬、弾を詰めた薬莢である。映画で見るピストルや銃の薬莢はすべて使い捨てで、撃ったあとの薬莢が自動的に排出されるようになっている。

村田銃で撃ち終わった空の薬莢は、弾を詰めなおして何度も使用する。薬莢の詰めなおしは、猟に参加するようになった私の仕事であった。空になった薬莢の雷管を取り外し、新しい雷管をつける。薬莢に詰める火薬の量と弾の種類や数は、スズメ用、リス用、カモ用、ウサギ用、キツネ用、羆用（実弾と言い薬莢の内径の1発弾）で異なっていた。薬莢に火薬を量って入れ、薬莢と同じ内径の厚紙で火薬に蓋をし、散弾も量って入れたあと厚紙で蓋をして完成である。スズメ用の散弾は粟粒くらいで100個くらい、ウサギ用は直径3ミリくらいで30個くらい、キツネ用は12個くらいを詰めたと思う。キツネ用は4個3段に詰め、弾が大きいので遠くまで射程があった。沢の向かい側斜面などで見つけた遠くのウサギを撃つときにはキツネ弾を使った。

鉛の弾も自家製であった。漁師が網に使った鉛の錘《おもり》やハンダなどを鉄鍋で溶かし、各種の大きさの鋳型に流し込んで弾丸を作った。鋳型から外すとひれがついているので鑢《やすり》でこすり落としたり、入れ物に詰めて振り混ぜたりしてひれを落とし、丸い弾丸にした。

5　命をもらって生きること

生き物を殺して食べ、生きていくことは動物の基本的な生き方である。小学校4年のとき、母に鶏をつぶすことを言い付けられた。殺し方は知らなかった。私は、鶏の首と足を縄で縛り薪割り台の上に固定し、薪割りに使う中型の斧で首を切り落として逃げた。鶏は首がないまま羽をばたばたさせてしばらく暴れた。食べるために温血動物の命をとることは、魚を殺すこととは違って、一種の畏れを感じさせられた。母は解体はするが、殺すことはしなかった。その後私の鶏のつぶし方は父の指導の元進歩した。羽を羽交締めのように足で押さえ、両眼は指で塞ぎ、耳の後ろの頸動脈を刃物で静かに切ると血が流れ出し、血が残り少なくなると断末魔の足掻きがあるが、自由を奪われた体はどうすることもできずに、やがて静かになった。このころには、畏れは感じなくなったが、命をもらって生きさせてもらうというような気持ちが、殺すたびに心の片隅に浮かんだように思う。

エゾユキウサギは、猟で獲って食べた。自分で飼っていたウサギ（アナウサギ）は、自分で食べずに、近所の人にあげて食べてもらった。肉と毛皮が目当ての飼いウサギであったが、自分では食べずじまいであった。

家では山羊を飼っていた。私と姉妹は山羊の乳で育った。その山羊も、乳を出さなくなるとつぶして食べた。山羊の場合、自分では手を出さずに他人に頼んでつぶしてもらった。肉はジンギスカンのたれで食べた。牛肉よりももっと乳臭く美味しいとはいえなかったが、食べやすかった記憶がある。

羊（羊毛用）を食べるようになったのは、昭和30年ごろだったと思う。ジンギスカンのタレの作り方がまず伝わり、飼っていた羊の廃羊を近所数軒で食べた。タレは、醤油をベースにりンゴやニンニクなどをすって混ぜた。

6　駐在さんの視線の先はフクロウの剝製

フクロウは禁猟である。しかし猟のついでに撃ったり捕まえてくることが昔はあったのである。私が6年生のころ、従兄弟がフクロウを持ってきてくれた。私は、それを剝製にした。剝製の作り方は知らなかったが、皮を剝き、針金の骨格と綿をいれて形を作った。目玉にはビー玉を使った。出来上がった剝製を、居間の奥の戸の上に飾った。

藻琴の駐在さんは、年に1、2度農閑期のころ父のところへ遊びに来る。母は、父にはお茶を入れ、駐在さんには湯飲みに冷酒を入れて出した。四方山話《よもやまばなし》をしながら、駐在さんはチラリチラリとフクロウの剝製を見上げた。帰った後、父は私にフクロウは禁猟で違反なので駐在さんがチラリチラリと見ていたのだと教えてくれた。しかし、ついに隠すこともなくフクロウの剝製は何度かの駐在さんの視線を浴び続けた。

7　クマゲラ

クマゲラは既に天然記念物になっていたのだろうか。小学校3年生のころ、従兄弟がウサギ猟の帰りにクマゲラを置いていった。カラスより少し小型で、頭のてっぺんが赤い鳥であった。初めて見たクマゲラは、変わった姿の鳥が居るんだなという程度であった。その後、私もウサギ猟に行くようになって、ゆるやかに上下の曲線を描いて飛ぶクマゲラをよく見かけた。貴重な鳥だとは、思ってもみなかった。自分で獲らなかったのが幸いである。

クマゲラ

8　鶏小屋のアオダイショウ

ウサギの話ではないが、ある時、鶏小屋で鶏が大騒ぎで鳴いているので見に行った。すると、鶏の止まり木の上に大きなアオダイショウが居て、卵を産む巣箱の方へ向かっていた。卵を狙って入ってきたのである。捕まえて退治した。鶏小屋に蛇が入ったことは、この時以外に見た記憶はない。

9　狩猟雑感

小学校の恩師（F先生）を新米ハンターと書き、私がウサギ猟を教えたと書いたが一寸おこがましさがある。F先生は特攻隊上がりの明るい精悍な感じの人であった。私が卒業する時、F先生は「浮草」の号で私に言葉を贈ってくれた。「浮草命名す　成憲と　憲を成すごとく　育てよ進め」。後年、斜里で余生を送っているF先生に私が学位を受けたことが伝わった時、F先生はものすごく喜んでくれたと、風の便りに聞いた。

F先生は、ハンターとしての上達も早く運にも恵まれていたようである。25歳年長の従兄が教えてくれたが、私が高校に進学してすぐのころ、F先生は隣の東藻琴村の西倉で羆を射止めたそうである。北海道のハンターでも羆を射止めたものは多くはない。北海道で羆を射止めれば最高のハンターに数えられるが、恩師はハンターになって4、5年後に羆ハンターとなった。

今でも鮮やかに思い浮かぶ光景がある。2月か3月ころの晴れた日、中園の雪原をウサギ獲りのためスキーで歩いていた時、冬の青空を背景に4、5羽のオオワシが悠々と横切っていった。肩も白かったのでオオワシだったと思う。父と2人しばらく見とれていた。

最近延命治療について思うことがある。インド旅行の折りに感じたことであるが、インドでは死は身近にあり死を迎えることは生き方の一部であった。小学生のころ読んだ、欧米の動物や自然と生きる物語の中には、よく死にかけて苦しんでいる動物に「楽にしてやれ」と言って銃で撃ち殺す場面が出てきた。安楽死の思想か慈悲の考えかもしれない。私や父の狩猟人生では、致命傷を負った獲物には「止めを刺す」ということはあっても、「楽にしてやれ」とは考えなかった。しかし、瀕死の家畜には例え助かる見込みがなく苦しんでいようとも、助ける手立てを尽くしたように思う。白人流の「楽にしてやれ」という考えは浮かばなかった。狩猟はしていても、東洋の思想がベースの生命観だったのかもしれない。

最近、高齢で、回復する見込みのない人に延命治療をし、何年か生命を維持することに何の意味があるのかと思うようになった。死が近づいたとき、死を受け入れることができる人は、自然に死を待つことが生物としての生き方なのではないかと考えているように思う。これは「楽にしてやれ」とか、その反対に臓器移植をしてでも生かすという欧米の考え方に基づくものではなく、インド式の来世を信じて自然のままに生きるという考えに近いのかと思っている。

INATOMI

第2章 川漁

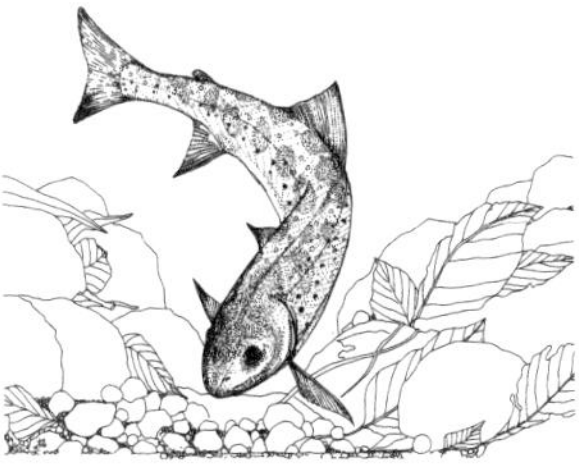

5歳のころには1人で釣り場に通った。雪解け後のヤマメ釣りから始まり、サクラマス、ウグイ、アメマス、イトウなどを釣った。8月からはカラフトマス、9月からはアキアジが遡上してきた。冬には濤琴湖に注ぐ河口で氷に穴をあけてチカ釣りをした。釣った魚は家族7人の晩御飯のおかずになることも多かった。

❖川漁（1952～1965年、サクラマス、イトウほか）

1　ウグイ

(1)　川の中のウグイの鳴き声

川で魚釣りを始めたのは何歳のときか憶えていない。5歳の春には私が1人で通う釣り場があった。裏の川の蛇行を直線にした川切り替え地点の深みの土手である。川は正式名はチグサモコト川だったが、チクサ川と呼んでいた。5歳のある時1人で釣っていると、引きがあって逃げられる度に川の中から「チュー、チュウー」と声がした。子どもにとって初めての経験であった。気味が悪かったが、ねばって釣り上げたのは婚姻色のアカハラウグイであった。釣り針を外すとき、「チュー、チュウー」と声をたてた。これで声の謎がわかり気味悪さがなくなった。

産卵期のオスのウグイは、メスほど大きくはない。20㎝ぐらいが多かったと思う。釣り上げて釣り針を外すため胴体を握ると、牛乳のような白子を噴出した。アカハラのメスには、まれに40㎝を超える大物がいた。多分、降海型のウグイでマルタウグイであったのだろう。産卵期以外も釣れる20㎝前後のウグイは、ヤチウグイと呼ぶこともあった。

⑵　ウグイの食べ方

ウグイは不味いと言われている。しかし私にとっては、美味い不味いなどは関係なかった、それぞれの魚の味（持ち味）だと思って食べていた。４月から６月の釣りの時季には私が釣ってくるウグイやヤマメ、アメマスなどが、家族の晩御飯のおかずになることも多かった。ウグイは普通、焼魚にして食べた。たくさん釣れたら、焼いて藁でしばりストーブの上にぶら下げて干した。旨いだしが取れた。中学生のころだったであろうか。ウグイはコイの仲間だから、刺身にしても美味いのではないかと考えた。自分で刺身を作り食べた。コイの刺身に近い味であった。家族にも勧めたが、だれも美味いとは言ってくれなかった。

⑶　釣り針に掛かる鶏

小学校１、２年生のころであった。釣りをした後、釣り針に餌のミミズを残したまま家の壁に立てかけて置くことが多かった。ある時、学校から帰ると、父が釣り針に鶏が掛かったので外してやったと教えてくれた。そのころはまだ鶏は放し飼いであったから、釣り針のミミズを見つけて食べたのである。それ以降は、針に残ったミミズはきれいに取り除くようになった。

絵本で見た、カモを釣るカモ獲り権兵衛の話は本当であると思ったものである。

2 ヤマメ

(1) ヤマメ釣り

北海道のヤマメはサクラマスの河川残留型でオスばかりであり、胴体にある楕円形黒灰色模様のパーマークが明瞭である。最大でも20㎝程度で、サクラマスの産卵期には腹に白子があり、産卵に参加する。

ヤマメ釣りは、早春雪が残る時期に始まる。私は日曜日になると、餌箱としていた空き缶に餌のミミズを入れ、朝から釣りに出かける。最初のうちは、昼飯に家に帰っていた。しかし、そのうち川の上流まで遠征するようになり、昼飯も食べずに夕方まで釣ることが度々あった。親は心配もしなかったように思うし、叱られた記憶もない。1日釣れば、20匹から30匹くらいは釣って帰った。魚籠を使ったのは随分後のことで、それも遠出するときしか使わなかった。普通は笹や木の二股の枝に鰓を通して持って帰った。午前中に釣ったヤマメは、夕方には皮が干からびてしまったが、洗ってはらわたを取って食べるのには差し支えなかった。

私の釣り場（川）は次ページの図に示すように、主にチクサ川の支流で、高橋さんの沢（上

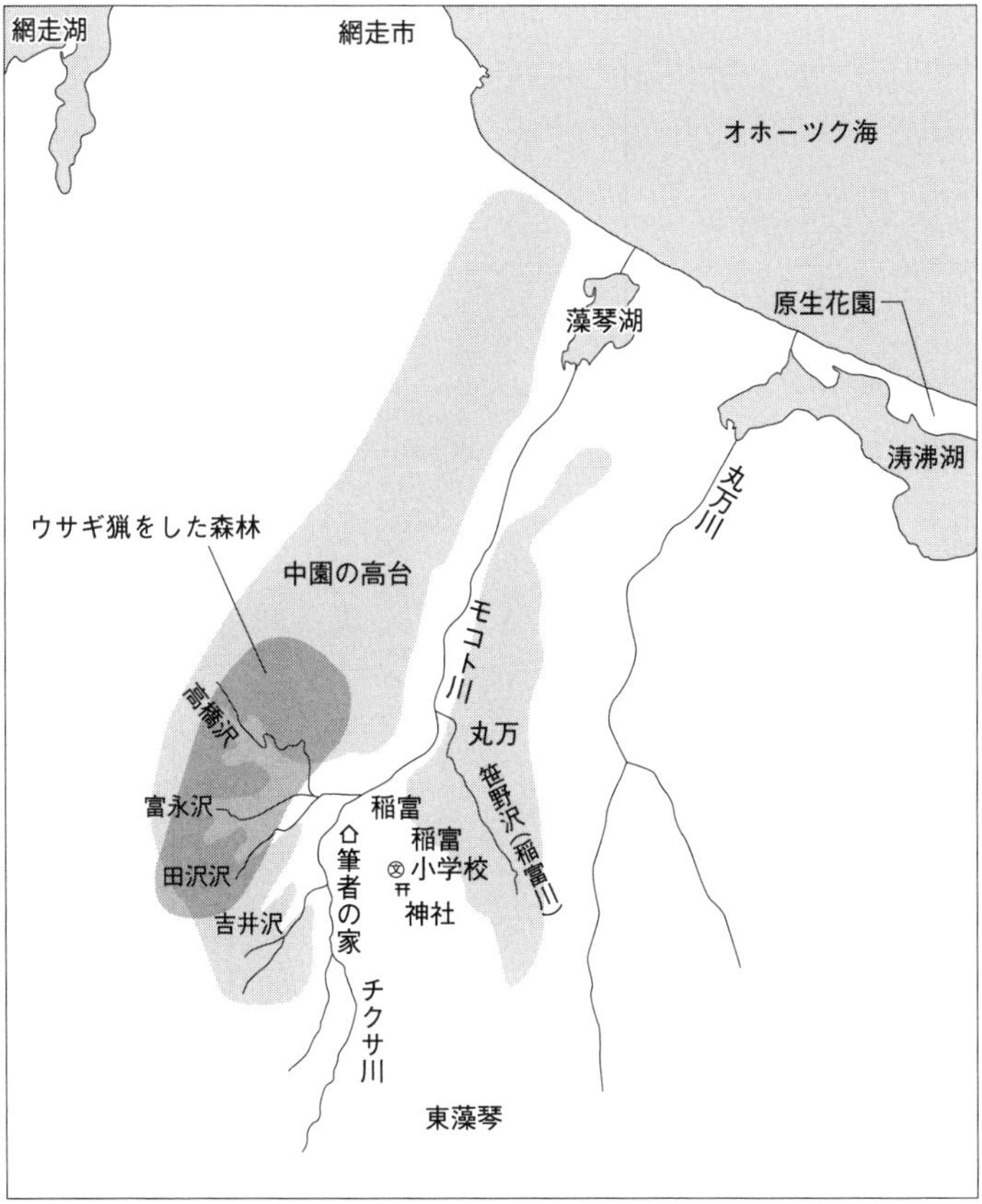

※この地図は、国土地理院発行の5万分の1地形図（小清水、女満別）を使用したものである

流は網走市中園）、富永さんの沢（上流は女満別町日進）、田沢さんの沢（上流は女満別町日進）、吉井さんの沢（上流は女満別町日進）であった。上流部は人の踏み跡も無く川幅は跨げる位に狭かった。そんなところでもヤマメは釣れた。5、6年生のころ、モコト川上流のシブイ川（東藻琴村のモコト川上流シンブイモコト川）まで友達と自転車で遠征したことがあった。この時は、羆の仕業か木の葉や草が濁った水と共に流れてきて、怖くてあまり落ち着いて釣ることはできなかった。

中学生の時には、山里の友達と丸万川（濤沸湖流域網走市丸万）へ釣りに行った。豊栄中学校のある山里の東の丘陵地帯を自転車で越えると丸万川であった。この時は、100mぐらいの範囲で30匹以上釣った記憶がある。

(2) ギンケ釣り

ギンケ（銀化、smolt）は、放流された鮭の子が塩水中での浸透圧を調整するために起きる身体の変化で、銀ぴかの鱗に覆われた状態の幼魚のことを言う。ギンケはサクラマスやアメマスの降海型にもみられる変化である。6月から7月にかけて、あまり釣りをしなくなった時期に揃ってチクサ川やモコト川を下ってくる。体長7～8㎝で、釣り上げて針を外すために握ると、掌に銀色の鱗がべったりと付いてくる。銀色の鱗が剝がれるとその下にパーマークが見える。

勿論、捕ってはいけないが、おかまいなしに釣った。小さいが数は釣れるし、食べるととろける様にやわらかくて美味しいので、短い期間ではあったが釣っていた。

(3) ヤマメの食べ方

ヤマメは、はらわたを除いて焼いて食べると、頭から骨ごと食べることができた。

小学校低学年のころ、本家に遊びに行ったら、伯母が私にヤマメの握り鮨を食べさせてくれた。生まれて初めての鮨であったと思う。開いた1匹のヤマメを酢で〆てネタにした鮨で、醤油をつけて食べると旨みが口一杯にひろがった。その後、母にヤマメ鮨を作ってくれと頼んだが、悲しいかな我が家のご飯は麦半分だったので握りにならず、酢でしめたヤマメだけを作ってくれた。

3　アメマス

(1) イワナ

イワナという名前を知ったのは、大学に入ってからだった。ずっとアメマスという呼び名しか知らなかった。全体が薄紫色に輝くアメマス、少し細身で冴えない色

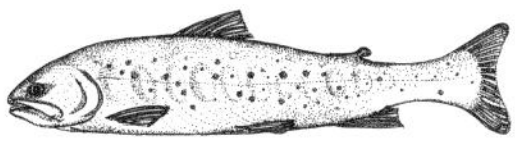

アメマス

のアメマス、50㎝を超えるアメマス、赤い斑点のあるアメマスなどはすべてアメマスと呼んでいた。後にイワナがすべての正式名であると知った訳である。私のアメマスのイメージは、裏手のチクサ川やモコト川で釣れる、胴体が幅広で体長は20～30㎝くらいある紫色に輝くとても美しい魚であった。アメマスは白身魚であるが、同じ白身のヤマメほどは美味しくなかった。

⑵ オショロコマ

笹野さんの沢にヤマメ釣りにいったことがある。ヤマメは1匹も釣れず、釣れた魚は、背中にアメマスの白い斑点があり、腹側に赤い斑点のある15㎝くらいの魚であった。少し変わった模様のアメマスだと思っていた。

後に、赤い斑点のあるイワナがオショロコマであり、白い斑点のアメマスと上流と下流や沢毎に棲み分けていることを『イワナの謎を追う』石垣謙吉著（岩波新書）で知った。モコト川本流とチクサ川が合流する稲富周辺では、笹野さんの沢がオショロコマの生息域だったのである。寒冷期に太平洋北部一帯に広がり、今も繁栄しているオショロコマ分布域に、後にアメマスが派生し日本海北側とオホーツク海周辺一帯に広がり、冷水性のオショロコマと棲み分けをした歴史が稲富でも見られた訳である。

(3) 降海型イワナ

オショロコマやアメマスなどのイワナには降海型が多い。北海道では、オホーツク海沿岸に降海型が多い。昔から沿岸で漁の網にかかっていたようである。降海型のイワナは、鮭と異なり毎年遡上して産卵し海に下ることを繰り返す。したがって、降海型のアメマスには時として50㎝を超す大物が育っている。私がチクサ川で、何度も逃げられ3日がかりで釣り上げたアメマスは50㎝を超え銀色に輝く美しい大物であった。二枚におろして切り身にして焼いた。アメマスは白身であるが、このときのアメマスは肉が薄いピンクで、サケやマスの切り身に似た味がした。

4 サクラマス、イトウ、野ゴイ

(1) サクラマス

サクラマスは、私が今まで食べたサケマス類の中で最も美味しい魚だと思う。

サクラマスは春に遡上し、ウドの花が咲くころ産卵する。鮭やカラフトマスが秋に遡上し餌を食べないので釣れない魚だと思われていたのに対し、サクラマスは春に遡上し餌を食べることが知られていて、川で釣ることができた。孵化した稚魚は、北海道ではメスの全部とオスの半分が降海型（ギンケ、smolt）になって海へ下る。河川残留型のサクラマスはパーマークを残していて小型でヤマメという。したがって北海道のヤマメにはオスしかいない。因みに、ヤマメがオスばかりなのに気づき北海道大学の研究者に報告したのは祖父清次郎であった。

サクラマスが釣れるのは5月であった。網走で桜が咲くのは5月末であるが、北海道の桜の季節に合った名前であると思う。しかし実際には婚姻色が桜色なのでサクラマスと呼ばれている。

サクラマスの釣り場は主に大川（モコト川）であった。釣竿は、稲富の雑貨屋で売られていた長さ6mくらいの1本の竹（ハチク）を使った。川幅の狭いチクサ川でウグイやヤマメなどを釣るときは、長さ3mくらいの1本の竹の釣竿を使った。竹がない北海道で、私が使っていた大切な釣竿はこの2本であった。ヤマメ釣りの狭い川では、柳の枝も釣竿に利用した。

釣竿

(2) イトウ

イトウについて父から聞かされたのは、呼人の川で3尺（90cm）以上の大物がたくさん釣れた話であった。稲富では、3尺を超える大物はあまり釣れなかったそうである。イトウが、泳いでいる蛇を食うという話も聞かされた。

私が小学生のころには、30㎝くらいのイトウが年に1匹か2匹釣れる程度であった。小さなひし形の黒い斑点がたくさんあって見分けられる。白身で味のない魚であった。中学2年のとき、サクラマスをねらってサクラマスの仕掛けで大川（モコト川）で釣っていたら、大物がかかった。川の中の砂州から向こう岸を流していたらガツンときた。上流下流と泳がせて弱らせ、砂州の上に引き上げた。60㎝の大物であった。興奮して、てっきりサクラマスと思い込んで頭を叩いて殺し、二股の木の枝に鰓をとおし急いで家に向かった。川岸を歩きながら、魚が砂で汚れているのに気がつき川に下りて洗った。そのとき、ようやくサクラマスとは違って少し細身で一面に小さな黒い斑点があるのに気付いた。イトウであった。これぐらいの大物イトウなら、美味しいのではないかと思った。しかし、夜の食事で食べてみたら、やはり淡白であまり旨くはなかった。

(3) 野ゴイ

大川（モコト川）にはコイの大物もいた。40㎝でも幅が広く太いので、サクラマスよりも重く大きい感じがした。近くに、コイを飼っているところはなかったのでコイは野生だと思っていた。野ゴイというかどうかは知らないが、黒っぽいのや金茶がかったのもいた。

小学校4年のころ、校長先生の計画で学校に池を掘った。稲富小学校の父兄にお願いして30m四方に中島がある深さ2m水深60㎝くらいの池を掘ってもらった。校長先生は授業のひとつとして、大川（モコト川）にコイを捕りに生徒を連れ出した。校長先生が、たも網を仕掛けて、生徒に広い範囲に並ばせ魚を追い込ませるのである。このときは、60㎝くらいの野ゴイが捕れて、池に放すことができた。

父は簎《やす》で野ゴイの大物を仕留めたことがある。大川（モコト川）に流れ込む水田の排水路の出口に、野ゴイの大物が寄ってくる。父は農作業の昼休みに1週間位通ってとうとう大物を捕った。私が学校から帰ると、盥《たらい》に大物が入っていた。確か刺身で食べたと思う。

私の野ゴイの記憶は、大物が掛かってとうとう上げられずに格闘の末逃げられた記憶である。このときも、仕掛けはサクラマスねらいで大きな釣り針に餌をつけていた。サクラマスと違って手ごたえは重く、川底からなかなか上がってこなかった。少し弱ってから浮いてきたが、糸を切られた。川の向かい側で見ていた釣り仲間が、今のはコイだったと教えてくれた。

5　カジカ、ドンコ、ドジョウ

(1)　カジカ

川で釣れるカジカは、頭が大きく幅4cmくらいあり、その後ろに楔形の細い体が続く全長20cmくらいの魚である。外道《げどう》として時々釣れるがほとんど食べずにその場で捨てていた。父がチクサ川に簗《やな》（「ドウ」といっていた）を仕掛けて海から上ってくるカジカを捕った。味噌汁に入れるとだしが効いてとても美味しかった。しかしどういう訳か普段は食べなかった。

オホーツク海で捕れるカジカは巨大であった。魚箱（トロ箱60cm×40cm×深さ10cm）に3匹で一杯になった。頭が径20cm位あり、その後ろに楔形の細い体が30cm位あった。川で釣れるカジカと同じ形であった。大きすぎたせいか、我が家では食べたことはない。

(2)　ドンコ

ドンコは15cm前後の大きさで、釣りの邪魔者で油断するとすぐ釣れてくる。今調べると、多分ウキゴリだったと思われる。ハゼ科で、海に棲むハゼと良く似ている。食べることはなく、釣れたらすぐ捨てた。面白半分に、小学校で水槽にいれて眺めたら、縞模様が綺麗でひれが青く縁取られ、その美しさに見とれた記憶がある。後に転勤で暮らした仙台の魚屋でよく売られている海のドンコとは別種の魚でハゼの仲間であった。

(3) ドジョウ

川で釣れるドジョウは、色が薄茶色で黒色の斑点は無くひげがあり、20㎝位のものが多かった。淀んだところで掛かってきた。ドンコと同じにすぐ捨てた。今思うとフクドジョウだったのかもしれない。田の排水路で見られるドジョウは、黒色の斑点模様があり川で釣れるドジョウとは違った。これが、いわゆる本州で食用になっているドジョウだったと思われる。残念ながら食べたことはなかった。

6 川ガニ、カラスガイ、ザリガニ

(1) 川ガニ

川ガニは、子どものころの遊び相手であった。鋏まれないように手で甲羅をつかむのを覚えたのは何歳であっただろうか。小学生の夏には、チクサ川でカニ捕りをした。泥炭の岸にカニが穴を掘っている。穴に手を入れていくとカニの手ごたえがある。挟まれるのを気にせずどこでも捕まえて引っぱりだした。大きくて毛か藻が体中に生えたようなカニもいた。多分モクズガニだったのであろう。

釣りでも掛かってきた。釣り針を川底に流していると手ごたえがあるので、獲物を期待して上げるとカニであった。上げる途中でハサミを切り離して逃げるカニもいた。上がってきたら、この野郎とばかりに踏み潰した。

カニを家まで持ってきて遊ぶと、泡を吹きながらその辺で2日くらいは生きてウロウロしていた。家の前の空き地に池を掘って放したが、泥炭から湧く谷地水では水質が適さなかったためか、死んでしまった。焼いたら赤くなって香ばしい匂いがした。足を割っても肉は少なく、効率の悪い食べ物であった。

カニもトカゲの尻尾切りと同じ様に、足を1本捕まえると切り離して逃げた。何本まで切り離すかと、次から次へと足を捕まえた。結局、両方の爪と左右どちらか1本になるまで足を切り離して逃げた。1本の足と、左右のハサミだけでは動くのもままならなかった。その後生き延びるためには、じっと動かずに足が生えて動けるようになるまで待つのかどうかは確かめたことはなかった。

⑵　カラスガイ

カラスガイは殻長15㎝位の長楕円形の貝で、チクサ川にもモコト川にも川底の砂にザクザクいた。捕ってきて殻を開けたり、池に放したりしたが、ただ死ぬだけであった。たまに、バケツに一杯捕って遊んだが、捕る事が遊びだったのかもしれない。後に、カラスガイ真珠があると本で読んだが、1度も見つけたことはなかった。今思うことは、なんであんなにたくさん居たのだろうか。カラスガイを餌にできる魚もカニもいなかった。生態系として、どんな意味があったのだろうか、ということである。生息数が少なくなった今、生態的な意味はどういうものかは私にはわからない。

(3) ザリガニ

ザリガニは、山の清水の流れる幅30～50㎝の沢にしか居なかった。沢の落ち葉や小石を手で除けるとどこにでもいた。体調5～8㎝のザリガニであった。半透明のザリガニは脱皮間もないザリガニであったろうか。沢の湧き水は冷たく、10℃以下であったと思う。ザリガニ捕りをしたら手が冷たくて、休み休みザリガニをさがした。なんで、わざわざザリガニを捕りに山の沢まで行ったのかはわからない。ただ、逃げるときは尻尾で後ろへ素早く去って進むところが面白かったような気がする。焼いて赤くエビ風味になったものを殻ごと食べた。エビ、カニ類の香ばしさが残った。

7　ヤツメウナギ、スナヤツメ

(1)　ヤツメウナギ

ヤツメウナギは、毎年5月ごろ川をのぼってくる。長さは40～50cmあり、太さは3cmくらいあった。うなぎを見たことも無い稲富の子どもたちにとっては、ウナギ経験の代用であった。チクサ川、大川（モコト川）の川底が石場になっているところが漁場《りょうば》であった。石場が産卵のための堀だったかもしれない。竹竿の先に、大きなマス釣りの針を3本120度に展開させて糸で縛りつけた引っ掛け針で、石に吸い付いて流れになびいているヤツメウナギの横腹を、手前に引くようにして引っ掛けた。川が雨で濁って見えないときでも、手探りで引っ掛けることができた。

ヤツメウナギ料理は、母が岩手の宮古市で育ったときの記憶を基に、うなぎの蒲焼風に作ってくれた。生きているヤツメウナギの頭を、まな板に釘で打ちつけ背中から開いた。開いたヤツメウナギを、長さ7～8cmに切り、蒲焼にしてくれた。ヤツメウナギ独特の臭みはあったが、それしか知らない私には、これがうなぎの蒲焼かと思ったものである。

ヤツメウナギの吸盤は直径2cm位で頭の先端にある。吸盤の中には、歯が丸く並んでいた。小学生のころ、仲間うちでは吸盤で血を吸われると信じていた。ヤツメウナギのいる川に裸足で入るのはおっかなくてできなかった。

(2) スナヤツメ

スナヤツメは、大川（モコト川）やチクサ川で川遊びをするときに、砂を掘ると出てきた。10㎝〜20㎝くらいの白っぽいヤツメであった。ヤツメウナギは、目玉の後ろに7つの鰓《えら》穴が並んでいた。スナヤツメは、はっきりした目玉は無く鰓穴だけが並んでいたような気がする。大きめのスナヤツメは黒っぽいのもいて、これがヤツメウナギになるのかなあと思った。

8 トゲウオ、フナ

(1) トゲウオ

トゲウオといっていた魚がいる。大川（モコト川）を切り替えて直線にした際に残った古川が小さな三日月湖になっていた。その古川で小さな釣り針にミミズを5㎜位にちぎって餌にしてトゲウオを釣った。5㎝位の魚で、背中に棘がならんでいた。小学生のただの遊びの釣りであった。中学生になって、巣を作って産卵する珍しい魚であることを本で知ったが、確かめに釣りに行くことはなかった。

(2)　フナ

フナはあまりいなかった。大川（モコト川）の切り替えで残った古川にだけいた。フナ釣りは難しかった。小さな餌をつけて、小さな手ごたえを待った。小さな引きに、そっと合わせるがなかなか釣れなかった。釣れたフナは金色で背中が盛り上がった珍しい形であった。食べた記憶はない。ギンブナかキンブナかは知らなかった。

9　〝密漁〟

(1)　カラフトマス

旧盆のころから川で流し網を使って捕ることができた。父と2人で流し網をやったのは、中学生からだった。カラフトマスのオスは、婚姻色と共に背中が盛り上がるのでセッパリマスといっていた。英語ではHumpback Salmonで同じ意味の呼び名である。川での流し網というのは、サケマス用の刺し網を網の下側に錘をつけて、両側を人が持ち、川幅一杯に広げて流れと共に川を流す漁である。川を上ってくるサケマスや、深みに潜むサケマスは、深みでは網と共に川を下るが浅瀬に来ると網に向かって突進し、刺し網に鰓まで突っ込んでくる。後は両側

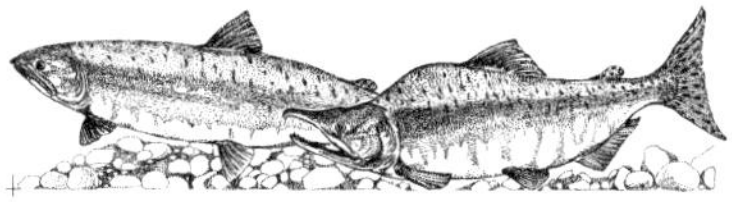
カラフトマス

から網を手繰って魚を捕まえ、拳骨か用意した棍棒で頭を殴って殺し、網から外して腰にぶら下げる。

カラフトマスは英語ではピンクサーモンともいい、鮭としては小型で40㎝〜60㎝くらいである。アキアジと違って小型で早くから遡上するためか、密漁の取り締まりは少なかった。

メスは卵をたくさん抱えており、イクラの醤油漬けは美味であった。オスもメスも生を焼いて食べたり、貯蔵用は塩マスにして食べた。

⑵ アキアジ（シロザケ）

初めてアキアジをモコト川で捕まえたのは小学校4年生の秋であった。学校の帰り道3、4人で遊びながら帰る途中モコト川の橋を渡った。橋の下の浅瀬に銀ピカのアキアジが横たわっていた。早速川に下りて捕まえた。捕まえた鮭をどうするか相談した。どういう訳か、校長先生のところへ持って行くことになった。1年上の生徒が提案して1人で持って行き、我々は家へ帰った。その後の話では、校長先生が「1人で捕まえたのは偉い、家へ持って帰りなさい」ということになったそうである。

アキアジについては父が戦前、毎年100本くらい捕り貯めて軽く塩漬けにし、その後屋根裏に吊るして干し、春まで食べた話を聞いた。捕り方は、鉤で引っ掛ける方法と、釣瓶網《つるべあみ》であった。

　鉤で引っ掛ける場合は、夜の川での手探りであった。鉤が鮭の背中に当たる感じで、細かな動きはメス、ゴツゴツした動きはオスとわかるので、肉の味と資源保護の考え（？）から主にオスを捕ったそうである。

　釣瓶網はアイヌの漁法で、川を柵で塞ぎ、開けた魚道の下に径1m位の網を沈ませ、鮭が通ると仕掛けがはずれ丸い網が釣瓶で持ち上がり、鮭が網の上に上がってくる漁法であった。川のふちに藁小屋を作り焚き火をして待ち、網に上がる鮭を取り込んだそうである。密漁にしては、呑気な漁であった。中学校の自転車の通学路には、途中モコト川の鮭の孵化場（ふかばと呼んでいたが、実際には捕獲場であった）があった。学校帰りによく立ち寄り、生簀に産卵適期まで飼われている鮭を見た。背中に斑点が残った魚や色が違った魚がいて、アキアジといっても個体差があることを知った。熟すと卵を取り白子をかけて受精させ、藻琴山のモコト川、チクサ川源流にある孵化場へ運んだようである。

　1月のある日、1㎞くらい先の小高い丘に住んでいる人が、チクサ川でキツネがなにかやっていたと教えてくれた。裏のチクサ川へ見にいくと、キツネが川の降り積もった雪の上から穴を掘り

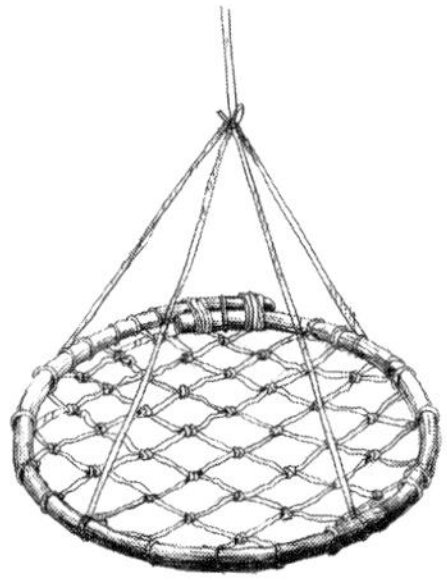

鮭の釣瓶網

鮭を引き上げたらしく、頭だけを食べられた鮭が残っていた。鮭を持って帰りご馳走になった。キタキツネが、2mもの雪の下の鮭の気配をどのように知ったのか不思議である。

(3) 藻琴湖のシジミ貝

藻琴湖にはシジミ貝がいた。漁業権があり、勝手に捕るのは〝密漁〟であった。小学生のころ、隣のおばさんに誘われて藻琴湖のシジミ貝捕りについていったことがある。モコト川が流れ込む側に近く、漁師の家が立ち並んでいる海への出口からは遠い場所であった。膝下の深さでザクザク捕れた。大型のシジミで径3cm位あったと思う。無事持って帰った。母が煮て、酢味噌と大根おろしで和えてくれた。美味しくて今でも味を思い浮かべることができる。

密漁では、隣の山里のおばあちゃんが、シジミを捕っているときに、漁師に密漁を怒鳴られ心臓発作で死んでしまったこともあった。漁師もおばあちゃんもかわいそうな話であった。

10 チカ釣り

ワカサギは背びれの直下に腹びれがあり、チカは背びれの直下より少し前方に腹びれがある。道東に生息するのはほとんどチカである。後年高校へ通うようになって、網走川河口の港でチカ釣りを眺めた。アキアジは川では餌を摂らず釣れないと信じられていたが、チカ釣りのチカにアキアジがかかるという話を聞いた。中学生のころは、モコト川の藻琴湖に注ぐ河口で冬に氷に穴をあけてチカを釣った。釣り上げて針を外し氷の上に置くと、ピピピッと体を震わせるうちに凍って静かになった。から揚げか天ぷらにして食べると、骨まで柔らかくて美味しかった。

11　川漁雑感

小学校の同級生は11名で男7名女4名であった。男7名のうち、よく釣りをしていたのは私1人であった。釣り仲間は近くに住む2年上のガキ大将しかいなかった。

裏のチクサ川に釣りに行けば必ず魚が釣れた。私は、学校から帰ると晩飯のおかずにするため良く釣りにいった。30分か1時間でウグイ、ヤマメ、アメマスなどを家族分7匹釣ると家に帰った。手押しポンプのところで、はらわたを手で取り洗って台所においた。

釣りの時期は4月から6月で、7月になると餌が豊富になり、食いつきが悪くなった。それに、夏草が茂り川へ近づくのが面倒になった。

7月、8月の川遊びは水泳と、カラス貝やカニをとることであった。川岸は夏草で覆われ川に近づきづらいが、川の中を歩いてカラス貝やカニを獲るのは簡単であった。

その後40年間の変化は、我々がより良い暮らしを求めた結果なのであろうか。川に限っていえば、チクサ川は1980年代に上流の東藻琴に家畜の食肉処理場ができた。裏のチクサ川は茶色っぽい水になり、富栄養化のためか川底は長い藻で埋め尽くされた。とても、魚が棲める水質には見えなかった。日本各地で環境が問題となって、食肉処理場の汚水排水が改善されたのか、2007年に覗いたチクサ川には、川底の藻はなくなっていた。

1990年ごろに子どもを連れてモコト川を横切る防風林にクワガタムシを捕りに行った時に、川に入ってみた。河床を1mくらい掘り下げる河川改修が行われた後で、川底の生物が生息する砂や土が根こそぎ失われ、生物の痕跡は全くみられなかった。ただ、アキアジの遡上は続いていたようである。

INATOMI

第3章 爬虫類や昆虫

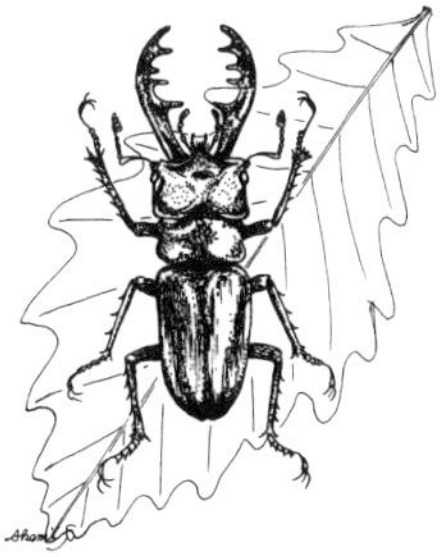

稲富の日々の生活では、爬虫類・両生類や昆虫は、大人にはほとんど関係のない生き物であった。たまにヘビが鶏卵を捕りに侵入したときに退治するくらいであった。

子どもにとっては、通学路に出てくるヘビは一大事であったし、夏休みの昆虫採集は、一大行事であった。2学期のはじめに、昆虫標本の中にオニヤンマやトノサマバッタがあれば、子どもたちは大きな優越感にひたることができた。

❖爬虫類、両生類、昆虫(稲富で見たヘビ、カエル、エゾサンショウウオ、トカゲ、トンボ、クワガタ、バッタ、チョウなど)

1　爬虫類

(1)　ヘビ退治

小学校の帰り道、ガキ仲間と帰る途中大川（モコト川）に架かる橋を渡った。夏、橋の袂に天気の良い日は毎日のようにヘビが出ていた。ヘビは最初に目に入った時、背筋がゾクッとする。橋の袂にはシマヘビの黒変種のカラスヘビが多かった。カラスヘビが毒蛇だと信じていた子どもたちは、必ずヘビ退治をした。大きな青大将もたまに出ていた。ヘビが目に入った時のゾクッとした気持ちの反動として、石を頭に叩きつけたり、棒で叩き殺した。稲富には、シマヘビとアオダイショウの2種類しかいなかった。

1人で魚釣りに出かけているときも、ヘビには時々出会った。発見した途端、まず背筋がゾクッとした。遠い恐竜時代に弱い哺乳類に植え付けられた記憶だという説もあるが、定かではない。次の瞬間必ず退治した。網走には毒蛇はいなかったので怖れる必要もなく、手に巻きつけて遊んでやれば良かったと今は思うが、当時はそんな余裕はなかった。実際、中学生の時に村の青年団と植林に行った際、青年団の人が山で青大将を見つけて頭を掴み、腕にグルグル巻きつかせていたのを思い出す。

私はヘビを見たとき背筋がゾクッとするが、そうではない人も結構いた。友達の家に遊びに行っていた時、家の縁側の障子戸の上を青大将が伝っていた。友達のおじいさんは、棒を持ってきてヘビを絡ませ優しく外に放してやった。ヘビは家の守り神だから大切にあつかわなければならないのだよと言っていた。

(2)　トカゲ

稲富では、トカゲは1種類しか見かけなかった。茶色の全長10㎝ほどの大きさで、夏の間に数回見かける程度であった。トカゲの尻尾切りの話を何かで読んで、見つけたら追いかけて尻尾を踏んづけ、尻尾を切って逃げるのを確かめた。

小学校の修学旅行で阿寒を周り、地熱地帯周辺域で空色の鮮やかな縦縞模様の入った綺麗なトカゲを見て感心したのを憶えている。

2　両生類

(1)　カエル

カエルの卵がオタマジャクシになり、オタマジャクシに足が生えて尻尾が落ち、カエルへ変態する。よく見たのはアマガエルだった。小学校では、オタマジャクシを瓶に入れて持ってくる生徒がいて教室に置いた。生まれたての１㎝のオタマジャクシが３㎝位まで大きくなった。餌をやらないので変態する前に死に絶えた。先生も、何の助言もしなかった。３㎝位のオタマジャクシを手に取って裏がえすと腸が渦巻状に透けて見え、口は身体の下面におちょぼ口の様に付いていた。柔らかいものを舐め獲るような口であった。結局変態の過程を見たのは田んぼであった。田んぼでは、オタマジャクシ、足が生えたオタマジャクシ、尻尾が落ちたアマガエルを順に見ることができた。春先、田んぼに水が入ると途端に親ガエルの大合唱が始まった。夜通し鳴いていた。

エゾアカガエル

エゾツチガエルは茶色の７、８㎝のカエルで畑で見かけた。卵も水の中の生活も見たことはなかった。畑の草取りをしているとき、水のない畑の作物の間をピョンピョンと跳ねた。

図鑑で知っていたトノサマガエルの管状になった卵は、ヤマメ釣りの山の中で観た。枝に引っ掛かって水面に垂れた卵塊は子どもも心に珍しかった。親ガエルは網走時代にはとうとう見ることができなかった。

ガマガエル（ヒキガエル）については、母の話から想像するしかなかった。まず大きさである。今でこそ食用ガエル（ウシガエル）を知っているので驚かないが、そんなに大きなカエルは想像できなかったのである。

蝦蟇の油売りの話などは、到底見当違いの想像だったと思う。

⑵　エゾサンショウウオ

エゾサンショウウオを初めて見たのは、富永さんの沢で灌漑溝を修理していたときであった。水を含んだ土を掘り起こしていたら、真っ黒なトカゲのような形をした生物が現れた。柔らかい湿った皮膚を持ったエゾサンショウウオであった。あまり人目には触れない稀少な動物であった。大人も私もそんなことを知らずに忘れてしまった。

高校のころだったと思うが、釧路でエゾサンショウウオの亜種が見つかり、鰓を残したまま成体になるものがあるという記事を読んだ。

3　稲富で見た昆虫

(1)　昆虫標本作り

小学校の夏休みの宿題で、毎年のように昆虫標本を作った。数少ない菓子箱を取っておいて、標本箱にした。数や種類が多いトンボやバッタ、クワガタムシを集めた。オニヤンマやキリギリスなど大型の昆虫は、1ヶ月も経つと変色し腐敗臭を放った。4、5年生のころは、昆虫採集セットを買った。小型の注射器と腐敗防止剤の小さな瓶、ピンセットなどがセットになったオモチャであった。腐敗防止剤を注射しても全身に回る訳も無く、ほとんど効果はなかった。腐敗や変色を防ぐ方法は、結局わからないまま小学生の昆虫採集は終わった。

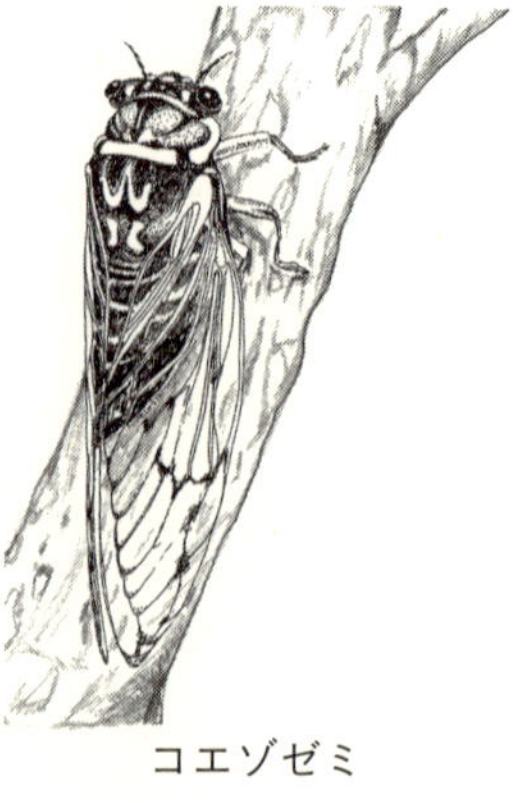

コエゾゼミ

(2)　記憶にある昆虫

カブトムシの仲間では、クワガタムシ6種類、コガネムシ2種類、カミキリムシ2種類、テントウムシ4種類、ゲンゴロウ2種類ぐらいは捕まえた。カブトムシは本で見るだけで網走にはいなかった。

セミは羽の透明なエゾハルゼミ、エゾゼミぐらいしか見なかった。

チョウ、ガは結構種類が多かった。エゾスジクロシロチョウやオオムラサキなどは珍しかった。キアゲハは幼虫をセリムシと呼んでいた。セリや人参の葉につくトラ模様の幼虫であった。ミヤマカラスアゲハは最も大型で綺麗で立派な印象であった。モンシロチョウ、モンキチョウの幼虫は害虫の青虫であった。

ハチはミツバチ、マルハナバチが多かった。クマンバチはいなかったが、オオマルハナバチをクマンバチだと思っていた。シロツメクサの花にとまったミツバチを素手で捕まえて刺され、指がはれ上がりズキズキ痛んだことも何回かあった。スズメバチの巣を家にかざっている人はいたが、スズメバチを見たことは無い。ジバチ（クロスズメバチ）は土から巣を掘り出してハチノコを捕った。

アブはウマアブ（アカウシアブ体長3㎝）、アブ（数種）などが川で泳いでいるときに裸の周りを飛び回った。人を刺すのは小型のアブであった。

蚊も何種かいた。ブヨは小さなハエのようで衣服の上からでも刺した。

アリの種類も多かった。山には赤いアリや黒い大型のアリが、朽木の根にカラマツの葉を30㎝の高さの円錐形に盛り上げた巣を作っていた。アリの巣を壊すと、小さなアリが米粒のような蛹を抱えて右往左往した。羽アリも家の中に飛び込んでくる時季があった。

クモも種類は多かった。我々がトンボ捕りに使う針金の輪に張りめぐらせるクモ糸は、オニグモの軒下の巣網であった。

カメムシの仲間は、ヘッピリムシと呼んでいた。イチゴの時季に夕方手探りでイチゴを採って食べていると、突然口の中にヘッピリムシの匂いがひろがった。虫ごと吐き出した。

4 トンボ

(1) オニヤンマ

オニヤンマを捕まえることは、小学生の最大の望みであった。昆虫標本箱にオニヤンマがあるかないかで全く見栄えが違った。

オニヤンマは学校の湧水の池の上を回遊していることが多かった。水田にも時々現れた。捕まえる道具は捕虫網ではなく、太い針金で直径30~40 cmの輪を作り竹の先に付けて、蜘蛛の巣を何層にも張り付け蜘蛛の巣の団扇を作って使った。水田の畦や池の縁に立ち、回遊しているオニヤンマのコースが、構えている蜘蛛の巣の団扇の長さの範囲にくるのをじっと待った。30分くらい待つこともあった。チャンスは1度で終わった。飛んできたオニヤンマに頭の方から蜘蛛の巣の団扇を振った。上手く当たれば少しオニヤンマの体が壊れるが蜘蛛の巣にくっついた。外れたらその日は2度とチャンスは巡ってこなかった。結局ひと夏に1匹か2匹しか捕れなかったと思う。

⑵　ギンヤンマ、シオカラトンボ、ハラビロトンボ

ギンヤンマは、本には良く出てきて綺麗なトンボだと思ったが、稲富ではなかなか見ることはできなかった。5、6年生のころ1度だけギンヤンマだと思われるトンボを捕まえた。頭部は青緑色で胸部は緑色、腹部は茶色であった。大きさはシオカラトンボくらいであった。随分後で知ったが、生息域は北海道では太平洋岸で、釧路から知床半島を回り網走までであった。

シオカラトンボは腹が白く、少し大型で綺麗であった。捕まえるのは少し難しかった。止まっているシオカラトンボは近づくとすぐ逃げ、なかなか捕まえられる範囲に近づけなかった。水田で回遊して飛んでいるときも、オニヤンマほどではないが速く用心深かった。しかし、数が多いので1日数匹は捕まえることができた。

ハラビロトンボは、シオカラトンボの雌のような色と大きさで、シオカラトンボよりは捕まえやすかった。

(3) イトトンボ、カワトンボ、赤トンボ（羽紋あり、羽紋なし）、茶トンボ（羽紋あり、羽紋なし）、黒トンボ（羽紋あり）

イトトンボは2、3種類いた。飛び方が弱弱しく手で簡単に捕まえられた。カワトンボは少なかった。ある年、大型のイトトンボのようで、羽がオレンジで胸が緑色、腹が白色の綺麗なトンボを見つけて捕まえた。捕まえたときに持っていた資料で調べたら、カワトンボであった。標本にして提出したが、小学校の先生の反応はなかった。

赤トンボ、茶トンボはたくさんいて素手で捕まえることができた。尻尾に糸を結んで飛ばして遊んだり、尻尾にチモシーの穂を付けて飛ばして遊んだ。今考えると、トンボにはかわいそうな遊びであった。赤トンボ、茶トンボは成熟虫と未熟虫の違いであった。羽紋なしはアキアカネで、羽紋ありはミヤマアカネであったと思う。黒トンボはミヤマアカネより一回り大型で、羽の先が黒く体も黒かった。飛翔力もミヤマアカネより強かった。多分、ノシメトンボであったと思う。

5 トノサマバッタ、キリギリス、イナゴ、コオロギ、他のバッタ類

トノサマバッタは私の身近にはあまりいなかった。戦後開拓者の子どもだった同級生が、山

地の畑で捕まえて昆虫標本にして小学校に出した。大きく緑色で胸に赤い線が入りとても綺麗なバッタであった。小学校の国語の教科書に出ていた、十勝平野の開拓者、依田勉三の飛蝗被害のバッタのイメージとは違っていた。私も数回山の畑で見つけたが、キチキチと音を立てて遠くへ飛ぶので、とうとう捕まえることはできなかった。クルマバッタもキチキチと飛ぶが、トノサマバッタより小さく茶色であまり捕まえる気はしなかった。

キリギリスは毎年捕まえて虫籠で胡瓜を与えて飼った。夜中も家の中で「チョン・ギース」と鳴くが、うるさいとは思わなかった。お盆を過ぎるころから鳴き声が減り、鳴き方も間をおいて弱弱しくなった。秋の寂しさを感じた。キリギリスを捕まえるのは難しかった。草むらの鳴き声を頼りに、そうっと気付かれないように1m以内に近づき、じっと目を凝らして姿を捜す。気付かれたら鳴き声は止み、見つけることはできない。見つけたら虫網を草ごと被せ押さえつける。押さえつけた草を1本1本より分けて草の間に押さえつけられているキリギリスを捕まえるのである。堅い口で咬まれると指に傷を負うので背中側から捕まえた。

本州で一般的に見られるイナゴはいなかった。我々がイナゴと言っていたのは、体長3、4㎝で羽が5㎜程しかなく、胸に赤い模様のある緑色のバッタであった。多分ミヤマフキバッタだったと思う。食べ

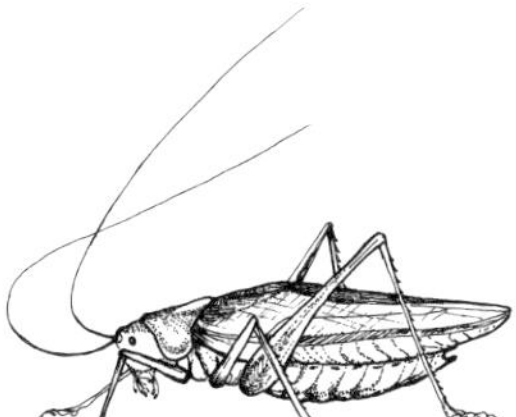

ハネナガキリギリス

るほどは捕れないし、食べた話を聞いたことはなかった。多分イナゴは、イナゴモドキ、カワラバッタなどであったと思うが、それほど多くはなかった。

ハタオリムシ（機織虫）と言っていたのは、エゾツユムシであった。キチー・キチーと鳴いていた。

コオロギは多くはなかった。小学生時代に2、3回捕まえて飼い、鳴き声を聞いた。鳴き声は憶えていないが、「コロ・コロ・コロ」と鳴くと子どものころは言っていたと思う。

この項を書くにあたって図鑑を見ているが、コオロギ科にケラが入っている。ケラは土を掘ったときに良く出てきた。胴を背中から指で鋏んで捕まえると、手足を忙しく動かして愛嬌があった。確か「ケラさんケラさん………」とあやす文句があったが忘れてしまった。

6　クワガタムシ

カブトムシのいない網走では、クワガタムシのことをカブトムシと言っていた。宮古育ちの義理の伯母さんはクワガタと言っていたが、我々子どもはクワガタとは言わなかった。

カブトムシ（クワガタ）を何種類か捕まえて、カブトムシ（クワガタ）に相撲をさせた。カッコウが良くて強そうなミヤマクワガタはそれほど強くはなく、角の大きなノコギリクワガタが相手を挟んで壊れそうなほど締め付けて勝つことが多かった。

カブトムシ（クワガタ）はヤチダモにいた。直径20～40㎝のヤチダモの幹を足で蹴飛ばすと、ボタボタとクワガタが落ちてきた。いくつかの種類が捕れた。ミヤマクワガタは滅多にいなかった。

ミヤマクワガタは、義経の兜を思わせる立派な角と頭を持ち、体中に金色の短い毛が生えて鈍い金色をしていた。

ノコギリクワガタは最も大きく、角が長く湾曲していた。スジクワガタは、背中に細く少し盛り上がった縦の筋がある小さなクワガタであった。

そのほか、コクワガタ、アカアシクワガタ、体も角も短いオニクワガタがいた。雌のクワガタは、いずれも体は雄より一回り小さく、とても短い角があった。我々は角と言ったが、アゴが正式な呼称であった。

7　網走では見ることができなかった昆虫

網走では水生のカメムシの仲間のミズカマキリしかいなかったので、カマキリが本当に斧の前足を使って狩をするのは想像できなかった。後に知るカマキリとは較べようもなく貧弱な鎌を持つのみであった。

本州に来て初めてカブトムシを見た時、可動性のあるクワガタの角と異なり、大きくて上下の固定した角で、仲間同士どう戦うのかちょっとわからなかった。

ゴキブリを初めて見たのも本州であった。ゴキブリのように嫌われると言うが、ゴキブリは輝く甲虫のように見えて綺麗な虫だと感じた。

アブラゼミのように羽が不透明で模様があるセミは、北海道では見たことがなかった。それに、秋口には沢山死にかけたアブラゼミが道端に落ちてきて、簡単に捕まえられるのも珍しかった。

ムカデは稲富にはいなかった。10㎝以上あって青と赤の毒々しいまで鮮やかなムカデを、本州で初めて見た時は本当に驚いた。

INATOMI

第4章 スキー、スケート、川泳ぎ

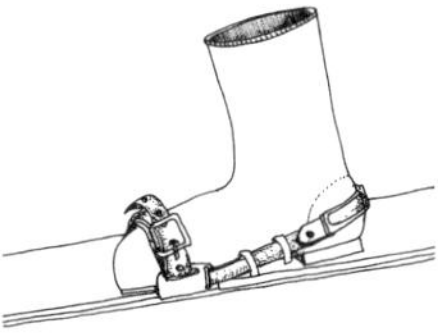

スキーは遊びであり、生活の道具でもあった。歩けるようになるとスキーで遊んだ。小学校時代の冬はスキー通学をすることも多かった。道路を外れて直線の近道で通うことができた。

スケートも冬の面白い遊びであった。長靴にベルトで固定するフィギュアスケートから始めた。

夏は、川遊びで、泳ぐことを覚えた。浅い川にある短い深みを流されながら犬かきができた。

❖スキー（1949〜1965年、手作りのスキー、スキー通学、スキーと締め具の変遷）

1　スキーの思い出

(1)　歩き始めのスキー

1歳の誕生日（1947年9月）には歩くことができた。小さな子ども用の突っかけ式のスキーを履いたのは1948年の12月ごろだったと思われる。短いスキー板にサンダル式の突っかけ革を取り付け、長靴のつま先を差し込んで履いた。スキーで歩いたり、小さな斜面ですべって遊んだ。感覚的には下駄のようなものであったと思う。北海道の人が、氷の道を歩いてもすべって転ばないのは、普段の雪道での慣れと、幼少からのスキーの感覚が身についているためではないだろうか。

(2)　スキー遊び中の十勝沖地震

陽射しだけが春の兆しを帯びたある日、裏の丘のチクサ川に面した小さな斜面でスキー滑降をして遊んだあと、昼御飯の時間に戻るため掘割道路をスキーで歩いていた。突然地面が揺れ、掘割の崖から土と雪が崩れてきた。5歳の私には大きな地震の揺れは初めてで、恐ろしさを感じて家に急いだ。家に戻ると母が避難して外に出ていて、今しがた大きな地震があったねと教えてくれた。1952年十勝沖地震で3月4日のことだった。

⑶　初めて買ってもらったスキー

5歳の冬、暮れの買い出しに出る父に連れられて網走の街にいった。スキーの店に行って、父はイタヤ材で作られた4尺のニス塗りの綺麗なスキーを買ってくれた。4尺（120㎝）は、5歳の私には長すぎたが、長く使えるように選んだ物であった。締め具は革製のフィットフェルトであった。長靴の爪先を金具に差し込み、革のフィットフェルト締め具で長靴の踵を後から締めた。ストックは竹で、竹の輪を皮紐で編んだリングがついていた。

フィットフェルトはつっかけ式よりも足から外れることはなく、滑るときに曲がること（回転）ができた。直滑降とジャンプが主流であったが、少しは回転の練習もできるようになった。

1911（明治44）年1月12日、新潟県高田で、オーストリアのレルヒ少佐が陸軍歩兵第58連隊にスキーを指導した。この時の、日本で初めてのスキー板には鼻が付いていた。鼻は多分シールを付けたり、引いて運ぶ時に使ったと思われる。私が知っているスキーでは無用の長物であった。小学生のころには鼻がないほうが格好よかった。初めて買ってもらったスキーには鼻はなかった。

父は1913年生まれで、小学生のころにはスキーを履いていた。スキーが日本に伝わってから10年ぐらいで、地の果て道東の網走でスキーが一般に使われていたのは驚くべき速さではないだろうか。パウダースノーで和カンジキが役に立たない北海道では、スキーの有用性がいち早く認識されたのかもしれない。

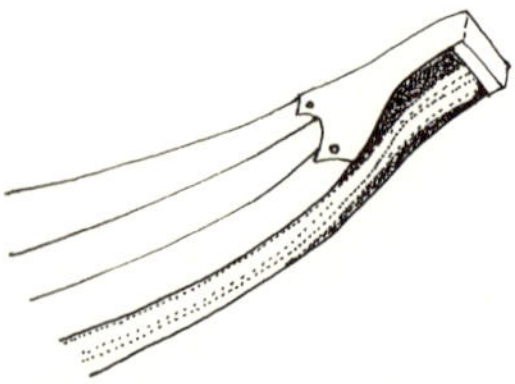
鼻つきのスキーの先端

2　スキーの種類

(1)　スキーの締め具の変遷

表題に、「スキーの締め具の変遷」と掲げたが、1965年ごろでも3種類しかなかった。突っかけ式とフィットフェルトは生まれたときからあり、カンダハーを初めて使ったのは中学生からであった。カンダハーになってはじめて、靴底をスキー板に固定できた。カンダハーを長靴で使うことはできず、私は網走の街の古道具屋で自衛隊の放出品である革製スキー靴を買ってもらった。カンダハーにより、スキーの回転が随分楽になった。ジャンプを飛ぶ場合には、フィットフェルトのほうが良かった。カンダハーで飛ぶ場合は、板の横にあるフックを外して踵が上がるようにして飛んだ。

⑵　私のスキー板

１９６５年までに私が履いたスキー板は４台であった。

１台目は、突っかけ式の幼児（子ども）用スキー板であった。２台目は、５歳から10歳まで履いたイタヤ１枚板エッジなしスキー板であった。３台目は、11歳から13歳まで履いた後ろを切り詰めたエッジなし１枚板であった。この板は、網走の街の古道具屋で自衛隊の払下品（６尺１８０㎝）を買い、父が後ろを切って短くして私用に改造したスキー板であった。前が長く後ろが短いのでバランスは悪かったが、支障はなかった。この時は、自衛隊払下げ品の革製スキー靴も買った。スキー靴を使えば、フィットフェルトの締具でも靴が板から横ずれすることなく滑ることができた。４台目は、14歳（中学２年）から高校卒業まで履いた合板のスキー板であった。札幌で働いていた従兄が、スキー製造屋から合板の半製品スキー板を手に入れ送ってくれた。基本形はできていたので、父は溝を掘り鉋をかけて磨き、カンダハーの締め具を付けて完成品にした。エッジはなかった。長さは１８０㎝だった。これで、スキー靴とカンダハー締め具がセットになったスキーができるようになった。

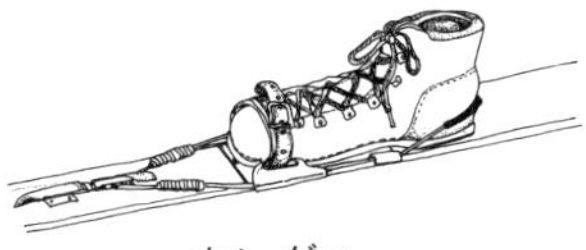

カンダハー

(3) スキー作り（鼻付きスキー、ナラ、イタヤ、桜）

戦前にはスキー板は手作りで必ず鼻が付いていた。私が物心ついたころから高校生でウサギ獲りについて行ったころまで、父が履いていたスキーは、鼻が付いた楢の重い板であった。先端カーブ手前は犬にかじられて少し細かった。楢は丈夫で過酷な使用と年月に耐えた結果、柔らかい部分が磨り減り年輪が縦に浮き出ていた。父の話では、イタヤは軽くて堅く滑りが良い、桜は折れ易いが滑らかでよく滑る、楢は重いが丈夫で長持ちするとのことであった。

父が戦後に作ったスキーは、私が物心つくころから6歳くらいまでの間に、2、3台あったと思う。記憶に残っているのは、稲富の人の頼みで作ったものである。ストーブの上の蒸籠に長いスキー板を逆さに蒸かしていたのを憶えている。スキー作りは、選んだ樹種の木の板をスキーの形に削って仕上げる。次に、蒸籠で先端を蒸して柔らかくし、カーブを付けた台木に固定し10日間くらい乾燥させれば出来上がる。

私は、この父から見聞きしたスキー板作りの方法で、先端カーブを曲げ直したことがある。初めて買ってもらったスキー板を7年くらい使った。その先端カーブが延びて平らに近くなっていた。

私のスキー板再生は、直径40㎝くらいの太い丸太を削って、スキー先端のカーブをつける台木を作ることから始めた。カーブが延びてしまったスキー板の先端を、蒸籠で蒸して台木に固定した。10日後台木から外すと、見事に先端カーブは甦っていた。無事カーブを取り戻したスキーは、妹へのお下がりにすることができた。この後、妹たちは5年以上使用したと思う。

(4) 狩猟のスキー

狩猟のスキーといっても基本は、あらゆる地形、斜面、雪質、立ち木や藪の中を歩いたり登ったり滑ったりするスキーである。締め具のフィットフェルトはこれに適していた。しかし、登りは逆八の字やカニ歩きで登るしかなかった。

伯父は、漁師からアザラシの皮を手に入れ、手作りした短い幅広スキーの滑走面全面に釘で張り付けていた。アザラシのシールは、表面が蠟のような硬い毛が密生して寝ているので前へはかなり良く滑る。後ろへは毛が逆立つ状態になり引っ掛かるので滑って逆戻りすることは無かった。万能のようではあるが、我々若い衆には前への滑りがいまいちで使う気にはならなかった。しかし、滑るときにあまりスピードを出さない人には、最適であったと思う。

スキーではないが、カンジキもたまに利用された。アイヌのカンジキは本州で使われているカンジキに比べ、長さは2倍、幅は1・5倍くらいあった。つま先がスキーのようにそり上がり、枠内はアザラシの

アイヌのカンジキ

皮の紐で網状に編まれていた。外枠はブドウのつるを使っていたと思う。北海道のパウダースノーには、これくらいの大きさでなければ使い物にならなかった。最近流行っている、北欧からのスノーシューにそっくりであった。

3　スキー通学

小学校時代の冬は、スキーで通うことも多かった。道路から外れて直線の近道を選ぶことができた。学校に着くと、スキー板を玄関の近くの雪に刺して立てた。スキー通学をする子どもたちのスキーが並んだ。

吹雪が終わったある朝、私より一足先に出かける私の姉妹が徒歩で登校した。道が雪で埋まり、道を歩いているつもりが道端の側溝の上を歩き、胸までの深さにあえいでいるのを校長先生が校長宅から見ていて、有線放送で引き戻して連れ帰るよう知らせてくれたこともあった。吹雪の翌朝は道は一面の雪原となり、どこが道路かはっきりしなかったのである。スキーで通う私にはツボ足で深みにはまる経験はなく目的地が見えさえすれば直線コースで行き着くことができた。

2、3日吹雪に閉じ込められた後は、国道も家々への道も全て一面の雪原に変わっている。

吹雪の間休校になっていた小学校への道を、稲富の親は馬橇に手作りのラッセルを付けたり直径60㎝くらいの丸太を横にして引きずり除雪した。待ちに待った吹雪明けに、除雪よりも前に登校する子どももいたのである。

4　ジャンプ

スキー遊びといえばジャンプであった。より急斜面をより速く滑ることを競う直滑降と、直滑降斜面にジャンプ台を作って飛ぶジャンプがスキーの二大遊びであった。スコップを持ち出して冬の間使う大きなジャンプ台を作ることもあるし、新雪斜面を登ったり滑ったりして作ったコース斜面に、下を向いて立ちスキーで両側から雪をかき寄せて即席に作るジャンプ台もあった。

斜面の中のジャンプ台の位置と、ジャンプの角度は重要であった。ジャンプ台は、コース中の急斜面直上に作ると安全に大きな距離を飛ぶことができた。ジャンプ台の角度は何度も飛んで調整した。真ん中が凹んで先端が上がるしゃくれたジャンプ台は飛んだ直後にスキー前方が上がり尻餅をついてしまう。ちなみに現在のモーグルやエアリアルはしゃくれを強くして飛び出した時に前方が上がって後方回転ができるように作ってある。我々のジャンプ台はしゃくれを少しつけて、前傾すればより遠くへ飛べるような角度に調整した。

高校時代に受験勉強と運動のバランスをとるため、私の専用斜面（中園台地の南側斜面）に作ったジャンプ台では、10mくらい飛ぶことができた。飛んではまた登りかえすので、5本くらい飛べば良い運動になった。

5　小学校のスキー大会（直滑降、ジャンプ、回転、距離スキー）

小学校の父兄の中には、結構急斜面に畑を作っている家もあった。スキー場に最適で、小学校のスキー大会はそういう斜面に遠征した。登ったり滑ったりしてコースを作り、直滑降と、ジャンプ、回転のコースを設定した。距離スキーは、妹たちの校長先生の時代になってから始まったようである。踵の上がるフィットフェルトは距離スキーに適しているが、畑のなかを新《あら》雪《ゆき》をこいで競争するなど、わざわざやらせる校長先生は幸いにも私の小学校時代には赴任してこなかった。

スキーを持っていない子もいたので、スキー大会は有志の参加で日曜日に行われた。コース作りなど、稲富青年団の応援もあったように思う。同級生は少ないので、2、3学年まとめて競技をした。一番小柄の私も、闘志だけは一人前で上級生と争って入賞した。

直滑降は、スキーの手入れが勝負である。１枚板でエッジも無いスキーは、すぐ滑走面に雪が付き滑りが悪くなる。前の晩にワックスや蠟を塗ってストーブにあぶって溶かして板に浸み込ませ、新聞紙でふき取って滑らかにしておくのが、私の勝利の秘訣であった。小学生でもそれぞれに、とって置きのワックス技術があったと思う。スタートで思い切り漕いでスピードをつけ、後はいつものクラウチングスタイル（足を広げたウンコスタイル）でゴールを目指した。

ジャンプはスキー大会の花形競技であった。飛形点などはなく、飛距離のみが勝負であった。とはいえ、飛距離は、踏み切りのタイミング、飛び出し方向、飛形で決まった。三拍子揃うと飛距離は伸びた。私も優勝したことがあった。

１９５６年コルチナ・ダンペッツォ冬季オリンピックで、猪谷千春が回転競技で銀メダルを取ったこともあり、回転競技に対する我々の関心は高かった。踵がスキー板に固定できない長靴フィットフェルトで曲がるには、正しく重心をスキー板の中心に乗せて踵を押し出さねばならない。しかし、スキー板を30度曲げるために足は60度曲げて踵は板からはみ出した格好になることも多かった。場合によっては、ジャンプターンで曲がることも多い。実際に回転することは難しく、不十分な態勢でとにかく旗門を通過して早くゴールできれば勝ちであった。

今思えば、よく回転競技ができたものだと思う。踵が固定できるカンダハー締め具が使われた中学校のスキー大会は、回転技術のレベルはそれなりに高くなっていたと思う。

6　スキー雑感

冬の道路は馬橇の通行により雪が踏みしめられた雪道である。もちろん、スキーも歩きやすい。坂道は格好のゲレンデになる。子どもたちは坂道ゲレンデでスキー遊びをした。馬橇は馬が曳くので、当然道の真ん中に馬糞を残す。馬糞は高さ20cmくらいの氷のピラミッドに積み重なった。坂道でスキー遊びをする子どもたちは坂道を足を開いて直滑降するが、坂の真ん中に聳える馬糞のピラミッドを目にすると、転んではいけないと緊張し、「アッアッ」といいながら丁度硬いピラミッドの上で尻餅を付いてしまう。尾てい骨を打ってしばらくもだえることがあった。

吹雪で閉じ込められることは、学校が臨時休業になる子どもたちにはちょっと楽しみでもあった。強い低気圧の吹雪では、まる2日間外界と遮断された。国道の除雪は止まり、道路は完全にただの雪原になった。電気も通じていない稲富では、有線放送だけが外界との窓口であった。家は1軒1軒完全に孤立した。家畜小屋へも吹雪用完全武装で餌を遣りにいった。私の家では、外便所だったので、用を足しに行くのも完全武装であった。孤立した家の日中の過ごし方は、後に書くが結構楽しんでいた。閉じ込められた後の晴天は、子どもたちが学校へ行こうと張り切るのに十分であった。

郵便配達人は、藻琴から10 kmの道のりを毎日配達していた。冬はスキーで配達した。スキーは道路を使うことなく、直線の最短距離を通るので速かった。吹雪のときは配達は休みであった。

❖スケート（1952〜1965年、長靴取付式スケート、リンクは道路、川、水田）

1　稲富のスケート

(1)　長靴で履いたフィギュアスケート

小学校2年生ごろに、スケートを履いた。エッジはフィギュアで、靴底に当たるところに鉄板の台があり、台に長靴を乗せて足の甲と、踵から足首をベルトで締めるタイプであった。よく滑ったのは基線道路（道道903号）であった。基線道路は木材運搬のトラックが走るので、路面は氷のように固まっていた。本物の氷ではないが、スケート遊びには十分なコースであった。慣れてくると、木材運搬のトラックの後ろにつかまり1㎞くらい滑って行った。帰りもトラックにつかまって帰ってきた。トラックはスケートぐらいのスピードだったのである。

(2)　モコト川のスケート

川の氷で遊ぶことは小学校では禁じられていた。しかし、天候によっては氷の上に積もった雪の上を水が流れることがある。氷の上の水面は、一晩で綺麗に氷った氷面になった。この氷面が雪に覆われるまでは、チャンスとばかりに長い距離を滑った。しかし、川なので流れの急な場所は氷らず口を開けていたり、薄くなっていた。こういう場所を避けて、本物の氷の滑りを楽しんだ。しかし、油のような水面がそのまま硬く滑らかな氷になった油氷のところでは、長靴フィギュアのエッジは刃が立たず、空滑りしてしまった。

(3) 水田スケートリンク

早春、雨が降って翌日冷え込むと、水田は広いスケート場になった。この時は、畦を飛び越えながら真っ直ぐ滑ることができた。

(4) スピードスケート

中学生の時、稲富小学校にスケートの好きな校長先生が赴任してきた。冬には、父兄の力を借りて小学校の校庭にスケートリンクを作った。水を何度も撒いて滑らかな氷面を作った。体育でスケートを教えた。雪かきが大変なので冬の半分くらいしか使えなかった。

小学校でスケートを教えることになって、男子生徒はスピードスケートを履いた。中学生の私もスピードスケートを親に買ってもらって、小学校のスケートリンクに滑りにいった。スピードスケートでは、基線道路のがたがた氷を滑ることはできなかった。

(5) スピードスケートのアイスホッケー

高校に入ったとき、網走向陽高校はスピードスケートで名が知られていた。3年生には鈴木正樹という選手がいて、1964年の全日本スピードスケート選手権大会で500m2位になった。その後、鈴木正樹は王子製紙に入り、3回のオリンピックに出場した。体育の授業はスピードスケートで、網走湖の国体リンクで滑った。1周400mのリンクは、割れるのを防ぐため周囲を30cmくらいの幅で氷を切り取り水に浮かせてあった。

ただ滑るだけのスピードスケートは、確かに上手く滑ることはできたが、ちょっと退屈であった。高校のころには、モコト川の氷の上を除雪し、小さなスケートリンクを自分たちで作っていた。アイスホッケーのパックとスティックを持っている友人がいて、スピードスケートでアイスホッケーをやった。これはとても面白くしばらく熱中した。しかし、ホッケー用ではないスピードスケートのつま先で立つと、踵がエッジから抜けて壊れてしまったこともあった。

❖水泳（小河川での泳ぎ、洪水のときは泳げる場所が増えた）

1　川泳ぎ

⑴　稲富で覚えた川泳ぎ

稲富の夏は短くて寒く、水遊びの期間は短い。私が犬かきをおぼえたのは小学4年であった。裏のチクサ川にはちょっとした深みもあり、子どもたちは浅瀬でのガニ泳ぎ（30㎝くらいの深さのところで手を川底について体を浮かせて流して、手で歩くように進む泳ぎ？）の他に、川底から離れた本当の泳ぎに挑戦した。私の犬かき泳ぎの距離は短く、深みを流されながら体を浮かせ呼吸をして5、6回手足で水をかけば手が川底に届く浅いところに着いた。それでも私にとっては、泳げるというのは世の中が変わるような経験であった。

稲富では、小学生のうちに泳ぎをおぼえる子どもは数えるくらいしかいなかったと思う。小学校6年の夏は、近所の年上のガキ大将と毎日泳ぐことに挑戦した。流木で焚き火をしてあたまりながら泳いだ。9月には、唇を紫色にしながら泳いでいた。

(2) 洪水（増水）は泳ぐチャンス

8月に台風崩れの低気圧で大雨が降ると、川は増水し洪水を起こすこともあった。増水しても川の水はあまり濁らず深いところが増えるので、泳げる場所が増えた。そんな時、何回か泳いだこともある。1度流されかけて、一緒に泳いでいた隣の中学生のお姉さんに助けてもらったこともあった。私は背が立たなかったが、隣のお姉さんは十分背が立ち、私を掴まえて引き寄せたのである。

(3) 母の泳ぎ

暑い日の昼ごろ、川で泳いでいた子どもたちのところへ昼休みで上がる母が来た。母も泳いだ。母は岩手県宮古市の出身で泳ぎは達者であった。母は、深いところで流れに向かって泳いだ。流れの速さと泳ぐスピードが釣りあって、いつまでも同じ場所にとどまって泳ぎ続けた。川下に向かって流されながら泳ぐ子どもたちとは違うと思った。

INATOMI

第5章 稲富の生活

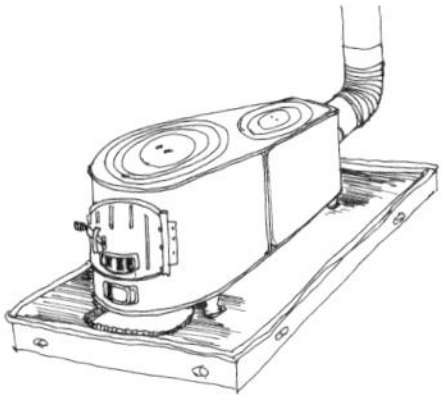

中学3年まではランプ生活であった。子どもたちは、身の回りにあるもので、遊び、過ごした。冬には零下20℃から零下30℃になる中でも行動できたのは、生活の知恵であったのかもしれない。

半ば、自給自足の生活での食べ物は、身近で採れるものが中心だった。たまにくる行商の魚屋である五十集屋《いさばや》からは魚をまとめ買いした。最初の日は鮮魚で食べ、残りは保存の効く調理をして食べた。保存食としては、野菜や魚を使った日常的ながら多彩な漬物があった。また季節ごとの山菜や木の実も、食事に彩りをそえた。

❖生活（ランプ生活、有線放送、子どもの遊びや仕事、米軍や冷害の年の救援物資）

1　日々の暮らし

(1)　水力発電からランプ生活

私が物心ついたころには、裸電球がついていた。昭和22年に伯父達有志が稲富中心部の10軒ほどで組合を作り、我が家の土地内に水路を設け3ｍほどの落差を利用した水力タービンで水力発電をしていた。小さいころの正月を迎える暮れに、父が１００Ｗの裸電球をつけて、「どうだ、明るいだろう」と言ったのを聞いた記憶がある。

昭和27年に、北海道電力が稲富に配電を始めた。この時、どういう訳かわからないが水力発電組合の家には北海道電力の電気は配電されず、水力発電も止めてランプ生活になってしまった。北海道電力の電気が来たのは昭和36年の暮れ、私が中学3年の冬だった。

ランプの火屋《ほや》磨きは私の仕事になった。家中で１つのランプしかなく、１つの火屋を毎日磨いた。新聞は取っていなかったが、便所の紙や火屋磨きなどに使うために古新聞を買ってあったので、火屋磨きには新聞紙を使った。小学校の5、6年生のころ、毎月月刊漫画雑誌「冒険王」を買ってもらっていたが、夕方「冒険王」を読んでいて薄暗くなり読めなくなるまで火屋磨きをせず、ランプを点けるのを遅らせたことがあった。

台所では、火屋が針金で保護された移動用の安全灯と呼んでいたランプを使っていた。眠るときは、居間のランプを寝間に持っていった。

中学３年の春(昭和36年)、高校進学に際して日本育英会の奨学資金を借りるための申請書作りで、中学の担任が家庭訪問にきた。普段電気の明るさに慣れている先生は、ランプの暗さに驚いて書類を読むのに苦労していた。

(2) 有線放送のラジオ

物心ついたころには、有線放送のラジオがあった。親ラジオは小学校の校長先生の住宅にあり、ＮＨＫ第一放送を流していた。稲富の区長や校長先生が稲富の人達に連絡事項があるときは、ＮＨＫ放送を中断し有線放送で連絡した。ラジオは文化の窓口であり、世の中を知る窓口だった。

子どものころ、毎日楽しみだった放送は、「紅孔雀」「笛吹童子」「オテナの塔」「赤胴鈴之助」などのＮＨＫ連続番組であった。「お話出て来いドンドコドン」も憶えている。相撲も必ず聞いた。栃錦対初代若乃花の取組などに夢中になっていた。メルボルンオリンピックで、水泳自由形の山中毅が銀メダルを取ったときは、ラジオにかじりついて聞いた覚えがある。

昭和28年から30年代のテレビがなかった小学生時代には、稲富の役員会に文化部があり、担当者が毎月小学校の体育館で移動映画を呼び、映画上映をした。文化部担当者が有線放送で映画会の案内をした。稲富の人達は、文化部担当者の口調や放送内容なども、批評して話題にしていた。映画そのものは東映映画が多かった。美空ひばり、中村錦之助、片岡知恵蔵などの時代劇を見ていた。稲富の人達は、全員総出で集まって映画を楽しんでいたと思う。

(3) 姉と蓄音機

私たち一家は、私が1歳を過ぎて昭和22年に分家するまで本家に同居していた。本家には蓄音機があった。本家に4歳まで居た2つ上の姉は、歌が上手であった。姉は蓄音機のことを「電気つけて」と言った。歌のレコードを蓄音機にかけてほしいということであった。レコードで憶えた「影を慕いて」をとても上手に歌ったそうである。

(4) 貧しいことに気が付かなかった子どもたち

中学生になって家族で、高校進学か家業を手伝うかを選択するまでは、子どもたちは貧しさを意識することはなかった。私が通った山里の豊栄中学校の同学年卒業生は31人で、普通高校に進学したのは8人、定時制高校農業科に進学したのは5人、農業などの家業の手伝いや網走、東京などの街での就職は18人であった。

小学校低学年までは、身の回りで発見する遊びや生活で子どもたちは精一杯忙しかった。私が小学1年ごろには、我が家の部屋境の襖に子どもが通れる位の穴が開き、そこを私や妹達は襖も開けずに出入りしていた。とんだぼろ家であったと今になって思う。田の字型の造りの四部屋の家で「かくれんぼ」遊びまでできたのは、一体どういう隠れ場所があったのか不思議に思う。

妹の秋子は、「子どものころは、退屈することなく目一杯遊んだ気がします」と色々な遊びを思い出してくれた。夏は放課後、近所の子どもたちが集まって、なわとびやゴムとび、おにごっこなどで夕方まで遊んだ。三和土《たたき》（土を固く平らに締め固めた地面）のように固まった庭の地面に、釘で線を引いて、ジャンケンに勝ったものが陣を進める陣取りや、大きな円を描いてその中をジャンケンで勝ったものが手の平を地面で円を描くようにまわした跡を釘でウロコ状に囲っていくウロコとりなどもあった。たまに訪れる暑い日は川遊びに興じた。冬の野外では、スキーやそり滑り、近くの掘割道路の崖からは尻すべりもやった。尻すべりは、斜面に尻すべりのコースをつくり、曲がったコースを滑った。初雪のころは、気温も高めで雪も湿っているので、雪だるまを作って遊んだ。室内では、ストーブを囲んでばばぬきなどのトランプをした。

お正月にはカルタとりをした。女の子には、おはじき、お手玉、あやとり、ぬりえ、あみものなどの遊びがあり、男の子よりも室内遊びが多かったと思う。

2　住宅

(1)　我が家の改築

分家して住んだ家は、稲富で最初にできた土台付の家を少し手直しして利用したものだそうである。それまでは、柱を直接土穴に埋める掘っ立て柱式の家が普通であった。土台付のその家は、田の字造りの質素な日本家屋で縁側はなかった。

昭和30年ごろに、土台が傷んだので家を改装した。土台を取替え、方角を90度廻して東向きから南向きにした。父は、土台用材木の切り出し、製材、墨引き、鑿での臍《ほぞ》穴開けをやった。家の回転、建前（組上げ）は近所の人達に集まって手伝ってもらった。

屋根は、柾《まさ》葺《ぶ》きで、父が自分で葺いた。壁は土壁であった。葦《よし》で壁の芯を十字に編み、壁土を塗った。壁土は、裏山の粘土を掘り出し、繋ぎの短い切り藁《すさ》を混ぜ、水を加えて足で練った。子どもも裸足で練るのは面白くて、よく手伝った。私は、練った壁土を、高い所で壁塗りをする父に長柄の木の鏝で渡した。それを父が左手に持った30㎝四方の鏝板《こていた》に受取り、編んだ葦に鏝で塗りつけた。

(2) 戦後10年位は毎年建前があった

私が小学生のころには、毎年どこかで建前があった。建前は稲富の一種のお祭りであった。棟梁と2、3人の大工さんを中心に近所の男が10人くらい集まって、朝早くから家を組んだ。夕方、子どもたちは楽しみにして建前に集まった。餅や御捻りが組み上がった屋根の四隅から盛大にばら撒かれた。子どもも大人も、最初に撒かれる4つの鏡餅を取り合い、続いて撒かれる丸餅や御捻りに殺到した。

(3) 五右衛門風呂

昭和30年の家の改装前までは、風呂は外の6畳ほどの広さの土壁の戸のない掘っ立て小屋にあった。薪で釜を焚く五右衛門風呂であった。

子どもたちは、夏は風呂に入って温まると、家の側を流れる灌漑溝に入って遊び、また風呂に入って温まった。冬は、湧きすぎた湯をぬるめるのにスコップで雪を掬って入れた。風呂で体が熱くなると、裸で雪の中をごろごろ転がって遊んだ。冷たくは感じず、気持ち良かった。

⑷　手押しポンプ

手押しポンプ（吸い上げポンプ）は、井戸の上に取り付けて井戸の中の水を汲み上げる使い方が多いと思う。

しかし、稲富の我が家で使っていた手押しポンプは、砂礫の滞水層の深さまで穴あきの鉄管を直接打ち込み、水を吸い上げる方式であった。その実物を見たのは小学校2、3年のころであったろうか。穴が小石で詰まって水の出が悪くなり、長さ8mくらいの鉄管を引き抜いた。その先端50㎝の部分に開けた6㎜くらいの穴を掃除したとき初めて水を汲み上げる仕組みがわかり、感心して見ていた。

ポンプは、冬には凍結を防ぐため水を落としておき、汲み上げるときに「迎え水」を注いでポンプの吸い上げができるようにした。

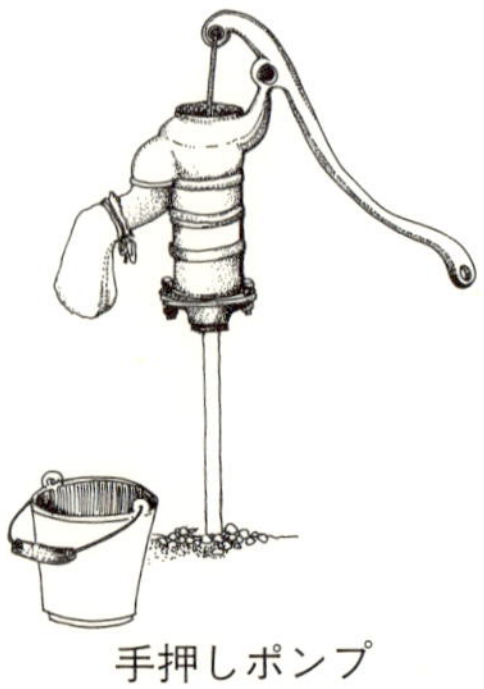
手押しポンプ

⑸　木の窓枠と美濃板ガラス

我が家を改築した昭和30年ごろは、窓枠（サッシ）は木製であった。板ガラスは美濃判サイズ（縦27㎝、横39㎝）であった。木製の窓枠は、美濃判のガラスを縦3枚、横3枚を嵌め込むように作ってあった。このころ大判のガラスも出始めたが、木製の窓枠では強度がないので高さ90㎝幅90㎝の窓枠に横2本の桟を入れて縦30㎝、横90㎝の上下3段にした。改築した家の一間に大判の窓枠を使った。広いガラスは明るくて見通しも良く、広いガラスの部屋に入ると気分が浮き立った。

割れたガラスの取替えは自分でやった。窓枠にガラスをとめている断面が三角形の細い桟を外し、ガラスを嵌め込み、桟で押さえて太さ1㎜、長さ1㎝のガラス釘で桟をとめた。ガラス切りも覚えた。小さなダイヤモンドがボッチの先に嵌め込まれているガラス切りで、ガラスに定規をあてキズをつける。次にキズに沿って割るのである。ガラスは切らずに割るものであることに感心したものである。

3　進駐軍支援物資のチーズ、バター、砂糖

私が5、6歳のころであったろうか。進駐軍の支援物資の食糧が配給された。チーズ、バターなどは初めて見た。チーズは、大きな塊で石鹼のような硬さであった。包丁で削って齧ってみると、初めて嗅ぐ独特のチーズ臭があり少し乳臭くてあまり味がなかった。牛乳を飲み慣れていた子ども達は、抵抗なく捨てずに全部食べたと思う。

バターも大きな塊であった。これは美味しかった記憶がある。パンはアンパンか蒸しパンぐ

らいしかなかった生活で、どうやって食べたかあまり憶えていない。

砂糖は、中白《ちゅうじろ》で1袋5kg位あった。サトウキビの茎の小さなクズが混じっているような砂糖であった。砂糖は使い切るまで結構長く利用できた。

4　衣服事情

(1)　冷害救援物資の衣服

私が小学校2年だった昭和29年は春から秋までガス降り（霧雨）が続いた酷い冷害で、稲富の稲は一粒も実らなかった。

冷害救援があり、東京や大阪から救援物資が届いた。衣服の救援物資も稲富で分配された。見慣れない模様のセーターや上着などを兄弟姉妹で着て、お互いに変な感じを抱いたのを憶えている。

(2)　母が編んだセーター

小学校2年生の冬に母がセーターを編んでくれた。毎日セーターを着て学校に通った。担任の女教師が、「そのセーター誰が編んだの?」と聞いた。私は「母ちゃんが編んだよ」と答えた。

母にも聞かれたことを伝えたと思うが、母は私の記憶に残るようなことは言わなかった。そのまま忘れていたが、高校生の時に小学校２年の時の写真をたまたま見た。セーターの胸にはSCHOOLと編みこまれていた。母はSCHOOLの意味も知らず、編み物の手本通りに編んだと思う。女教師は、戦後間もない時期の農家の女が、英語を知っているとは思えなかったので不思議に思って聞いたのだと思う。

5　洞爺丸台風の思い出（1954年9月26日～27日）

小学校２年生の秋に台風が来た。網走まで勢力を保ってくる台風は少なかったが、台風29号は洞爺丸を沈めた後、網走を通った。父は台風の目が通ったので目の中で風が止み一瞬陽が射したと教えてくれた。私は学校へ油紙の番傘を差して行った。途中で強い風に煽られて、体の小さかった私は傘に体を持ち上げられ道路脇まで飛ばされた記憶がある。

6　自転車横乗り

私の小中学生時代には、子ども用の自転車は無く、26インチの自転車のみであった。私が自転車の練習をして、乗ることができるようになったのは、小学3年の時だったと思う。

小さな体の小学生は、皆大人用自転車で横乗りから覚えた。横乗りは三角乗りとも言い、サドルに腰掛けず三角の枠の横から片足を向こう側に出してペダルを漕ぐ乗り方である。不自然な姿勢で、腰掛もせず片手をサドルにかけ、片手でハンドルを握って自転車に乗るので、長い時間は無理だったと思う。1年ぐらい横乗りをして、普通の乗り方（縦乗り）に移行した。小さな小学生の短い足は、サドルに跨るとペダルの支点よりも下まで届かない。お尻を左右にずり下げながら、左右の足でペダルを交互に前に半分ずつ踏み込むだけの漕ぎ方であった。

❖冬の生活（マイナス20℃～マイナス30℃での暮らし方、低温下で見られることなど）

1　マイナス30℃の生活

(1)　馬橇

マイナス30℃以下になる日がひと冬に5、6日あった。マイナス30℃以下の朝には、父は寒暖計を見て、満州の歌「ごっかんれいかさんじゅうど～(極寒零下30度～)」を口ずさみながら、朝の水汲み、家畜への餌やりをしていた。馬橇で山仕事に出かける時は、馬の轡《くつわ》をストーブで暖めた。馬の息はすぐ馬の口の周りのひげを霧氷にした。馬橇の鉄製の滑り面は、寒さでギシギシときしんで滑りが悪かった。父と私は、寒いので馬橇に乗らず後ろからついて歩いた。

(2)　ダイヤモンドダスト

永い間、私は極寒の晴れた朝、馬橇について歩いたり、スキーに出かけたりするときに、キラキラ氷が舞うのを見て、木についた霧氷や雪が風で飛んでくるのだと思っていた。それにしては近くに木もないのに遠くから飛んでくるのかなと思っていた。ダイヤモンドダストだと知ったのは、ダイヤモンドダストを見る機会もあまりなかった札幌の学生時代であった。

(3) 凍える瞼

マイナス25℃位からであろうか。瞼を開ける時に粘るのである。閉じたときに瞬間的に上下の睫が凍ってくっつき、開ける時に力が要るのである。小便をするときに金槌を持って、立小便の出た先から凍るのを金槌で壊すというのは嘘である。しかし、瞼が粘るのは本当であった。シベリアのマイナス60℃では立小便のしぶきは地面に着く前に凍って霧氷になることがあるそうである。

私は凍傷にかかったことはなかった。小学校2年のとき、1里（4㎞）の距離を歩いて通っている男の子が、私の前の席だった。2時間目に前の席の子の耳を見ると2倍位に腫れ上がっていた。凍傷で1週間休んだ。学校に出てきた時にはひと皮剝けてピンク色の耳になっていた。

(4) 夜に寒気が入る煙突

寝る時に、ストーブの上にあった薬缶のお湯は、朝起きたときに全部氷になっていた。煙突から寒気が入り最も凍る場所だったのである。

(5) 寒い背中

マイナス20℃以下の夜は、鉄板が真っ赤に焼けた薪ストーブにあたっていると、体の前は熱いが背中は寒く冷えた。家族がストーブを囲み、暖をとった。父母の昔話を聞いたり、正月に家族７人でトランプのばば抜きをするときもあった。

(6) 日本酒のシャーベット

大学生の時、元旦の午前１時ごろ稲富神社へ初詣に行った。稲富の当番の人たちが神社の中にストーブをつけて待ち、初詣の人たちにお神酒や少しの記念品を振舞った。私はお神酒をいただいたが、お酒は氷が混じったシャーベット状でとても美味しかった。ストーブをつけて当番の人たちが待機している部屋の中でも、一升瓶の酒はシャーベット状になっていたのである。

(7) 天然の冷凍庫

電気も冷蔵庫もない生活であったが、冬の６畳の台所は天然の冷凍庫であった。裸の兎の肉も豚の太腿も、60㎝の水だこの足もアキアジも、正月の餅も台所に置くだけで融けることはなかった。炊事の時間や洗面の時間の短い暖房では解凍することはなかった。

(8) 朝、布団の襟に付く厚い霜

極寒の日には、朝目を覚ますと布団の襟が霜で凍っていた。顔を動かすと冷たい霜が顔に落ちてきた。半分顔を埋めて眠っているので、息が霜になって布団の襟に凍りつくのである。

父と私は、パンツ一枚で寝ていた。極寒では、夜小用に起きて外へ用足しに行くと、着ている下着（寝巻きはなかった）が冷えて布団に戻った時になかなか温まらないというのが父の考えであった。極寒や雪や吹雪に裸を曝しても、裸であれば布団に戻ると体温で暖まっていた布団ですぐ暖かくなるのであった。

(9) 冷たさに反応して暖かくなる手足

足の指が冷たいと感じたときは、足の指を動かして我慢をしていると、10分後くらいには、足の指は温かくなってきた。雪合戦で冷たい雪を手で投げていると、後で手が火照る感じと同じであった。後に新聞で知ったが、4℃の水に3分両手を入れ、5分後くらいに手が暖かくなるという体の反射がある。この反射は北海道では50％以上の人にみられ、四国九州では20％、沖縄では10％だそうである。私は63歳の今でもこの反射がある。しかし、父は80歳以降であろうか、この反射はなくなっていたようである。伯母のヤヘは、冬でも足が火照るので布団の外に出して寝ていると聞いたことがある。88歳の従兄弟は旭川の軍隊に入隊するとき、全員が冷水に両手をつけて後で手が暖かくなるかどうかの検査を受けたと話してくれた。

極寒の日は、耳を時々揉んでいたが、そのためか凍傷に罹ることはなかった。

マイナス25℃以下の日の服装で気をつけたのは、靴下だったと思う。厚手の手編みの靴下を履いた。ゴム長靴の下敷きに稲藁を入れると暖かかった。唐辛子を靴下に入れると足が暖まるというので試したこともあった。しかし、私にはあまり効き目がなかった。基本は厚手の靴下と足指を動かすことであった。

⑽　剣の山

糞壷式の便所も冬は凍る。落とした糞はすぐ凍りつく。2枚の板に跨るが、皆大体同じ位置で落とすので、凍った糞の山は尖ってどんどん積み重なり、ひと冬に1、2回は尻の高さまで到達する。母は、剣の山と言っていた。父に、剣の山を倒してくれと頼んでいたのを思い出す。

外便所で土台の下や糞壷には隙間があるので、吹雪が下から尻に吹き付けた。冬は便所でゆっくり古新聞や古雑誌を読むことはできなかった。マイナス30℃の朝は、便所の中もマイナス30℃であったから、素早く用を足してズボンを上げた。

2　吹雪

(1)　吹雪の方が暖かい

吹雪の日は暖かかった。普段マイナス20℃の生活の中で、低気圧の吹雪が来ると南から風が吹き込み気温は0℃～マイナス10℃位に上がるので暖かかった。学校が休みになるので、退屈した子どもたちは昼ごろ身支度をして吹雪の中へ遊びに出た。姉が厚紙とゴムひもでめがねの枠を作り、菓子箱のセロファンを糊で貼り付けたゴーグル?を作り、目にかけた。のりが浸みて目が痛かった。私はアノラックを着て探検隊になった気分で張り切っていた。皆長靴の上部を紐やベルトで締めていたが、家に戻った時には長靴に雪が入っていた。家の周りで、吹き溜まりに手で穴を掘りかまくらを作ったり、棒切れに旗をつけて畑の中へ雪を漕いで出て、南極探検隊を気取ったりした。吹雪の深い雪を漕いで歩くので、汗をかいた。ひとあばれして家に戻った。

南極観測に関しては日本も参加していた。稲富の映画会で、東映映画の前に映画ニュースもあった。南極観測船「宗谷」が氷に閉じ込められて、ソ連の砕氷船「オビ号」に助けてもらうシーンを見た。動けない宗谷に向かって、オビ号は何の障害も無いかの様にズンズンと近づいてきた。国力の差を子ども心に思い知らされた。

(2) 地吹雪

地吹雪は、寒気団が来た寒い晴れた日に吹き荒れる。しかし、吹雪と違って雪は降っていないので、風の合間は見通しが良かった。小学校は休みにならなかった。そのころ、地吹雪とかブリザードとは誰も言わなかった。ただ、強風が雪面の氷の粒を飛ばして数mの高さの視界は悪くなる。顔に吹き付ける氷の粒はびしびしと頬に痛かった。雪も降らないので、できる吹き溜まりも小さかった。

3　流氷

藻琴の海岸に流氷が押し寄せると、夜は静かになり朝はマイナス20℃以下になった。流氷の無い時期の、夏や冬の波が高い日や静かな夜などに、10km先の海岸に打ち寄せる波の音が聞こえていたのを教えてくれたのは父であった。流氷が来て波の音が消えると、夜は静寂が支配し深深《しんしん》と冷えた。

❖食べ物（我が家の食べ物、代用食、魚や野菜の保存食、網走特産の食べ物）

1　主食

(1)　御飯

普段の御飯は米と麦が半々であった。祭りや節句、正月、運動会、学芸会、お祭りなどには、巻き寿司や散らし寿司を作るので白米を炊いた。普段の朝飯は御飯、味噌汁、漬物が基本であった。晩御飯で動物性蛋白質の食材がついた日は半分もあったであろうか。

鮮魚の行商人のことを五十集屋《いさばや》といった。動物性蛋白質の副食は、オート三輪で来る五十集から買った魚、薩摩揚げ、魚肉ソーセージなどであった。たまにはつぶした鶏を食べることもあった。春夏には私が釣った小魚、冬の狩猟のウサギなどが食卓に上ることもあった。卵は売り物で1週間に1度位しか食べなかったかもしれない。小学校に入る前には、卵は貴重品で近所同士の病気見舞いには、卵を持っていったり貰ったりした。

(2) 牛乳御飯

牛乳は、隣や本家で牛を飼っていたので、一升瓶を風呂敷で包み背中に斜めに背負って時々買いに行った。牛の産後の初乳は沸かすと豆腐やチーズのように固まるので出荷できず、捨てることも多く、良くもらった。40㎝ほどの鉄鍋で１升か２升沸かし固まったものをスプーンでそのまま食べたり、砂糖をかけたり、醤油をかけたりして食べた。子どもたちには楽しみな食べ物で４、５日かかって食べた。

牛乳を沸かして御飯にかけて食べるのも美味しかった。他におかずなしでも、それだけで十分満足した。ロシア料理のカーシャ（牛乳粥）に近いかもしれない。

(3) 弁当

小学校の弁当の御飯は皆似たようなもので、麦だけの子もいたが白米だけの御飯は無かったと思う。季節によっては、カボチャやジャガイモなどを弁当に持ってくる子もいた。弁当のおかずは種類が少なかった。塩鮭や卵焼きなどはすばらしいおかずであった。削り節に醤油をまぶして御飯の上に散らせば立派な弁当であった。漬物だけのおかずの日もあった。

給食は子どもの栄養を考えたものであったと思う。カップ１杯の脱脂粉乳ミルクは毎日出た。美味しくはなかったが、動物性蛋白質に飢えている子どもたちは、皆残さず飲んだ。週に２回は魚の缶詰入りの野菜たっぷりの味噌汁が出た。これは美味しくて皆楽しみにしていた。

2　副食

(1)　新ジャガイモの皮むき

ジャガイモの採れはじめは、皮が薄くて剝けやすく手で擦るだけで剝けた。皮を剝いたジャガイモを茹でて粉ふきジャガイモを塩味で食べるのがとても美味しかった。バターをつけるともっと美味しかったが、バターは滅多に無かった。大量に食べる家では、樽でイモの皮剝きをした。１斗樽に新ジャガイモを入れ2本の棒をX字型に結んで１斗樽の中に入れ、かき回すと皮が剝けた。ジャガイモの時季には、主食にする家もあった。

(2)　冬至カボチャ

カボチャは大きいのがたくさん採れた。鉈で切って食べやすい大きさにした。大鍋に茹でて、半分主食代わりに食べた。冬至まで保存するカボチャは、新聞紙でくるんで屋根裏に保管した。冬至にはカボチャと小豆を甘く煮て食べた。

(3) ビート糖作り

ビート（砂糖大根）は出荷していた。グラニュー糖になった。

自家製のビート糖も作った。ビートを３㎜くらいの厚さに鉋で削り、直径90㎝くらいの大鍋で茹でた。茹で終わったビートを取り上げ、煮出した汁を煮詰めた。煮詰めると甘い黒い蜜状のビート糖になった。一升瓶に保存した。少しエグミがあったが砂糖代わりに使った。

(4) 鯨の油取り

網走で鯨が捕れた。五十集屋が皮の付いた厚さ15㎝くらいの脂身を持ってきた。大量に買って大鍋で煮て油を取った。食用油として使った。かりんとうを作って食べた。美味かったが食べたら、後でお尻から鯨油が染み出て下着を汚した。消化が悪かったのだと思う。絞ったからあげ状の油粕を台所に沢山置いた。猫のピゲがそのうちお尻から、鯨油を染み出すようになった。人間も猫も鯨油の消化不良に悩まされてしまった。

(5) 飯寿司

飯寿司《いずし》は我家では鮨漬けと言っていた。飯寿司の材料は、ホッケの年が多かった。カレイ、ハタハタを漬けた年もあった。私の記憶では、カレイが美味しかった。鮭は、〝密漁〟で獲れるのは少なかったので、高価で私の網走時代に漬けたことはなかった。

2斗樽に漬けて、40日以上置いた。サルモネラ菌が怖いので、最初に猫や鶏に毒味をさせた。異常は1度もなかった。漬かったら、落とし蓋をしたまま逆さにして重石を載せ、水分を搾り出した。水分を搾った後は、パンと締まった飯寿司になった。

(6) ホッケの糠漬け

ホッケはあまり美味しい魚ではなかった。しかしたくさん捕れて安かったので、戦後の動物性蛋白質を供給する魚として貴重であった。小型はロウソクボッケと言っていた。ロウソクボッケは、糠漬けにした。塩辛かったが、春まで長持ちして食べた。

(7) 身欠き鰊

小学校に入る前の昭和26年までは鰊はたくさん捕れていた。鰊を五十集《いさば》からトロ箱で買って、干して身欠き鰊を作った。寒風で凍《し》ばれ、乾いた身欠き鰊は3月まで軒下に干してあった。3月ごろには、脂焼けしていたが、それでも食べた。

⑻　スルメ作り

五十集《いさば》からスルメイカをトロ箱で5箱くらい買ったであろうか。私が小学校高学年になったころには、スルメ作りはプロ並みだった。スルメに白い粉をふかせるためには、夜露に当ててはいけなかった。両親が割いたイカを紐にかけた。毎日夕方大量のイカを家に取り込み、朝になると干した。一夜干しも美味しかった。10日位干すとスルメになった。10枚ずつ新聞紙にくるんで寝かせると白い粉をふいた。

⑼　秋刀魚の貯蔵食

秋に秋刀魚が安い時期、五十集からトロ箱3箱位買った。砂糖醤油で煮て、焼酎甕《しょうちゅうがめ》の上部を鏨《たがね》で割り取った甕《かめ》に貯蔵した。秋刀魚の缶詰のように味がついた。弁当のおかずとして、子どもたちはとても好んでいた。

⑽　オヒョウの粗《あら》

祖父清次郎は、早朝歩いているときに道端に倒れて死んだ。私が6歳のときのことである。清次郎は稲富開拓の推進者で享年80歳であった。網走の街に良く出ていき、帰りに私の家に寄った。いつも背負っているリュックの中の1斗缶には色々な買い物が入っていた。ある時オヒョウの粗を置いていった。背骨の直径が5㎝位あって、身が結構ついていた。畳1畳くらいのカレイだと聞かされて、当時の私には想像できなかった。

⑾　毛蟹《けがに》の生き茹で

年に1、2回位食べたであろうか。毛蟹は美味しかった。生きた毛蟹を鍋に入れて、ストーブに掛け、水から沸かした。モゾモゾ動く毛蟹を、鍋から逃げ出さないように木の鍋蓋で、茹って動かなくなるまで押さえているのが、子どもたちの役目であった。

足の殻には母が裁ち鋏みで切れ目をいれた。子どもたちは夢中で食べた。

⑿　納豆

納豆は自家製であった。1955年ごろまでは、稲藁の苞《つと》に茹でた大豆を入れ、湯たんぽと一緒に布団でくるんだ。毎日湯たんぽを取り替えて1週間もすると納豆ができた。納豆菌は藁にあると考えられていた。藁苞はかさ張って納豆に藁くずも入った。それでも我々子どもたちは納豆が大好きであった。

1955年ごろであろうか、雑貨屋で木を薄く削った薄皮に包まれた納豆が売られ始めた。藁くずもなく嵩張らず食べやすかった。そこで、父は考えた。薄皮に大豆を包み、5㎝くらいに切った藁を5、6本入れれば、納豆菌は供給される。薄皮に包んだ大豆を湯たんぽ布団で温めた。見事に納豆ができた。そのうち、売られている薄皮に包まれた納豆には、藁など入っておらずそのまま薄皮だけで納豆になっているように思われた。きっと、木の薄皮に納豆菌があるのだろうと思いついた。早速、薄皮に包んだだけの茹でた大豆を湯たんぽ布団で温めた。見事に納豆ができていた。その後は冬の食料として、薄皮で包んだ納豆が我が家の副食となった。

3　漬け物

(1)　沢庵（おこうこ）

沢庵は干した大根を4斗樽に漬けた。カボチャで黄色い色を付け、サッカリンで甘味をつけた。お茶請けとしても美味しかった。子どもたちもお茶はあまり飲まなかったが、沢庵はつまみ食いした。

(2)　ニシン漬

身欠き鰊を2cm位の斜め切りにしたものを入れた。大根とキャベツが主体で人参も散らした。これは2斗樽に作ったかもしれな

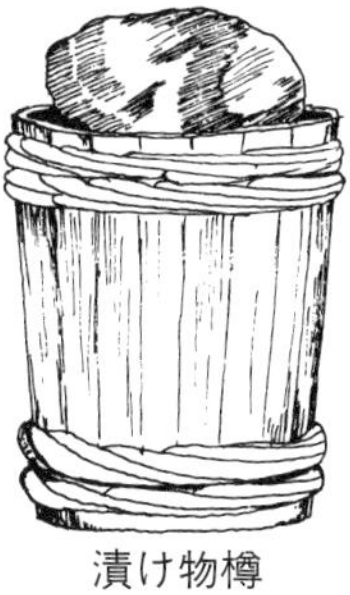
漬け物樽

い。半分凍ばれた鰊漬けは、鰊の旨味が出ていた。今でも、北海道で鰊漬けを見つけると必ず食べる。美味しいが、半分凍ばれた鰊漬けの味のほうが懐かしい。

(3) 聖護院大根の切っ掛け漬け

大根に包丁で1cm位の切れ目をいれ、そのまま欠き折る大根を切っ掛けといった。切っ掛け漬けは甘味料で味付けされ、果物とはかけ離れているが、食べ易かった。ニシン抜きの鰊漬けのような感じであった。

4 代用食

(1) ジャガイモと澱粉の餅

代用食という言葉は食糧不足の戦時中にできた言葉であろうか。米麦の御飯の代わりに食べる食料であった。両親は時々「今日は代用食だぞ」と言った。

茹でたジャガイモをつぶして澱粉を混ぜ、練ると餅状の軟らかさになる。これを径10cm、厚さ2cmくらいの饅頭状に形作り、煮て砂糖醤油と澱粉のアンで絡めて食べた。子どもたちに評判の良い代用食であった。今でも食べてみたいと思う。

⑵　おひっつみ、おひゅーず

おひっつみも確か代用食だったと思う。小麦粉を練って、手でひねって餃子状の形にして、味噌味や醤油味の汁に入れて食べた。おひっつみという名前は、岩手の呼び名であったと思う。おひっつみを薄く延ばし、アズキの餡や味噌餡を入れて大きめの餃子の形にし茹でると、おひゅーずになった。砂糖味噌の餡が美味しかった。

⑶　アズキばっとう

これは、母の育った岩手県宮古市の食べ物である。うどんの水分の少ないお汁粉という感じである。おもちを使ったお汁粉とは少し異なり、美味しくて懐かしい味である。

５　おやつ

⑴　呼人のリンゴ

12月には、林檎産地の呼人まで20㎞の道のりを馬橇でひと冬分の林檎を買いに行った。私も何度か馬橇に乗った。毛布や布団を掛けて暖かくして乗るが、時々馬橇を降りて歩いた。呼人の林檎園は、大きな室《むろ》に林檎を貯蔵していた。室で林檎の山から国光や紅玉を選び、砂糖林檎（インド林檎系？）も少し買った。

家では裏山（丘）に作った室《むろ》に貯蔵した。毎日夕飯後に、子どもたちが外に出る身支度をして雪の中を室まで林檎を取りにいった。吹雪の夜でも完全装備で取りに行った。ジャガイモ堀に使う金網製の手篭に20個位取ってきた。1人2、3個まるかじりして食べた。

(2) **煎餅焼き器**

吹雪で学校が休みになり外に出ることもない日は、子どもたちは家の中での遊びを色々やっていた。煎餅焼きなども、遊びとおやつのようなものであった。煎餅焼き器は、直径20㎝位の厚手の鉄板2枚が蝶番でつながり長さ40㎝位の柄がついた調理器具である。小麦粉に少しの調味料を入れて練り、煎餅1枚分の練った小麦粉を煎餅焼き器に鋏み、柄を閉じてストーブの上に乗せる。焼け上がって、煎餅焼き器を開くと直系20㎝の煎餅ができていた。小麦粉を練るところから、焼いて食べるところまで子どもたちで遊びながらやった。

(3) **凍った餅の鉋屑薄皮煎餅**

正月の切り餅は伸し餅にして凍る前に切って、凍った状態で台所に置いて保存

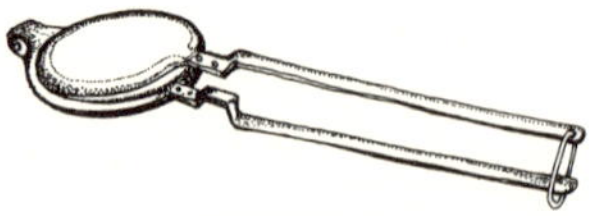

煎餅焼き器

していた。餅のある1ヶ月位は餅を食べた。子どもたちは、凍った餅をストーブの熱い鉄板に押しつけてゆっくりずらしていくと、鉋屑のように薄い皮状の煎餅が出てくるのを食べた。これは薄くて腹の足しにはならないが、遊び食いにはとても美味しかった。

⑷　澱粉練り（葛湯）

ジャガイモを澱粉工場に出荷していたので、澱粉は20kg詰めの袋で3袋か5袋位が毎年自家用になった。澱粉練りは吹雪の日に限らず子どもたちが良く作って食べた。サッカリンを鍋に溶き澱粉を入れて溶かし、沸かしながら混ぜているとゼリー状に固まった。盛り分けて食べた。牛乳がある時は、牛乳も入れた。ミルク味で美味しかった。

⑸　たんきりあめ、甘酒

たんきりあめ（麦芽あめ）も自家製だった。麦芽を擂って水に溶き、澱粉を入れて鍋で半日程ゆっくり温めると澱粉が糖化した。これを漉しとり、ゆっくり煮詰めると水飴ができた。固めの水飴にして澱粉をひいたのし板の上に流し、棒状に伸ばしては畳んでまた伸ばすことを繰り返し、直径2㎝の棒状の柔らかめの飴にした。これを裁ち鋏で2㎝くらいの長さに切り離し、できた飴をたんきりあめと呼んだ。

甘酒は麦芽とご飯を溶きしばらく鍋で温めた後保温しておくと、2、3日で甘酒になった。米の澱粉が麦芽で糖化したもので、麦芽あめと原理は同じである。ただ、甘酒は薄い粥状の飲み物である。甘酒をそのまま保温しておくと、今度はアルコール発酵が始まり少しずつアルコールが増えて、子どもには飲みづらくなった。

❖食べた野草や木の実など

1　自然の恵み

⑴　野草

タンポポの葉は、雪解け後に地面に張り付いて広がっていた。春一番に食べられる野草であった。根元から切り取って集め、おひたしにした。冬の間野菜が少なかった身体には、とても美味しかった。ヨメナも雪の下で地面に張り付いていて、タンポポより少し後に食べた。気温が上がると茎が立ち上がった。葉には短毛が多いので衣服に貼り付けることができた。子どもたちは、服の上に葉で文字を書いて遊んだ。

イラクサ（ミヤマイラクサ、東北ではアイコ）はサッパリとした味だった。食べることができるのを知るまで、イラクサは素足や素手にとげが当たってかゆくなるので、口がかゆくなるのではないかと疑っていた。茹でると刺激は全くなかった。父は良くイラクサの繊維で猿股を作ると良いと言っていたが、私は痒いのではないかと思っていた。今調べたら刺草織《いらくさおり》というのが使われていたようである。

アイヌノネギ（ギョウジャニンニク）は甘味と匂いが強く、毎春楽しみな野草であった。食べた翌日学校で「お前アイヌノネギ食ったな、臭いぞ」とお互いに言い合うので、土曜日に食べた。

コゴミは灰汁《あく》抜きをしなくても食べることができ、味噌汁、おひたしなどにした。ウド、野ゼリ、ミツバ（野生）はとても香りが強かった。ツクシンボは淡白であった。

フキやワラビは大量に採れたので、毎年塩漬けにして貯蔵した。食べるときは塩抜きをして煮物にして食べた。フキはコロポックルのお話にあるように、大きく人の背丈ほどにもなった。

タラノメは棘だらけのタランボウの木の芽で、美味しい山菜として有名になっているが、我が家ではタランボウの生えている山まで採りに行くことはなく、たまに隣からもらって食べた。

イタドリ（オオイタドリ）やアザミは、我が家では食べたことはなかった。

(2) おやつ代わりの野草

スカンコ（スイバ）は丈が10～20㎝くらいのときは、鉛筆くらいの太さのアスパラガスのような形であった。子どもたちはたくさんとって家に帰って塩を少しつけて食べた。淡い酸味が食べやすかった。

ダイオウ（エゾギシギシ）も弱い酸味と甘味のある野草であった。茎の皮を剝いてその場でかじった。いたずら食い程度で、あまり食べなかった。

タンポポは大部分がセイヨウタンポポであり、エゾタンポポ（日本タンポポ）は少なかった。しかし子どもたちは、そこら辺に生えているタンポポが日本タンポポで、がくが花に張り付いた日本タンポポを西洋タンポポと呼んでいた。本当の日本タンポポ（エゾタンポポ）の茎は苦くないので見つけたら食べた。

野草ではないが、家畜用のムラサキ蕪は鶏の飼料として魚の粗と煮た。直径７、８㎝で堅く甘かった。たくさんあるので、子どもたちは皮を剥いて味噌をつけて１人で２、３個食べた。

⑶　木の実

コクワ（サルナシ）は秋の山の最高の味覚であったと思う。稲富の人はそれぞれ秘密の場所を知っていて、霜が１、２度降ってコクワが熟れたころ山に入った。山が赤茶色に紅葉した中で、コクワの葉は黄葉し目当てはついた。山の中をくぐって目当てのコクワの場所についた。私も父と二人で御用かごを持ってコクワ採りにいった。御用かごとは縦横２尺×１・５尺、深さ１・５尺で１本の布編みの背負い紐がついた竹のかごのことである。コクワは

コクワ

御用かごに半分くらい採れた。熟れたコクワは独特の香りと甘みと酸味があった。食べながら採った。食べ過ぎると舌が荒れ、割れて血が流れ痛くなるが、それでも食べた。家族の誰もが、舌が割れるまで食べたと思う。翌日学校に行っていると、尻がかゆかった。コクワの小さな種にはかぎ状の突起がついていて、それが尻穴の周りを刺激したのだだと思う。同級生も皆それとなく尻を掻いていた。

ヤマブドウもたくさん採れた。山のどこにでもあったので、秘密の場所にする必要はなかった。山ブドウも霜にあたった後が甘かった。粒の大きさ甘さなどは、場所や陽当り、蔓の大きさ、樹齢などにより異なった。ヤマブドウも食べ過ぎると舌が荒れて血が流れた。そういうときは日陰の下草になっているしろみと呼んでいる草の実を食べた。直径1㎝位で弱い甘味があった。食べると舌の痛みが治まると感じた。

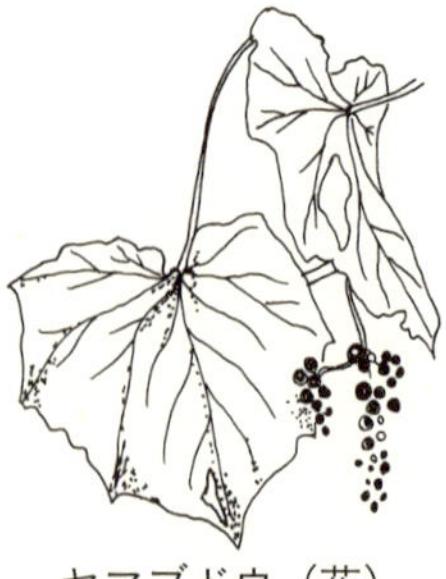
ヤマブドウ（花）

ぶどう酒（密造酒）を作った人もいたが、我が家では作り方を知らなかった。

サンナシは栽培後に放棄された木の実だと思う。霜の後に食べた。淡い酸味だけでうまみはなかった。たくさん食べると糞づまりになった。

ノイチゴは旧盆のときに墓参りの坂道でよく食べた。木イチゴとかバライチゴと言っていた。

バラの香りとイチゴの甘みがあった。

サワグルミは北海道のクルミであった。緑の皮が堅いものは、土に埋めて時期をみて掘り出し皮をとった。割っても殻の部分が厚く実は少なく効率は悪かった。それでもクルミは美味しかった。

桑の実も栽培後に放棄されて大きくなった桑の木にたくさん生っていた。桑の実は癖が無かった。食べながら白い半袖シャツのポケットに入れたことがあった。ポケットの周囲は紫色に染まり、洗っても落ちなかった。母に叱られたものである。

(4) 栽培されていた木の実

我が家のグスベリは、熟して甘くなる前に酸っぱいまま子どもたちが食べてしまった。熟れたグスベリは、隣の家の古川（チクサ川の小さな三日月湖、沼）の周りにたくさん植えてあったグスベリを食べさせてもらった。大玉グスベリは本家にあった。直径２㎝くらいでとても甘かった。

カリンズ（フサスグリ）も採りながら食べたが甘酸っぱくて美味しかった。たくさんとって袋に入れて搾り、砂糖を入れて薄めて飲むと、すごくおいしいジュースであった。

イシラ（ユスラウメ）は直径１㎝くらいの赤い半透明の実で、種は５㎜くらいあったが食べて種を吐き出しても実の部分が多いように思った。弱い甘味とかすかな酸味があった。本家に大きな木があり随分食べさせてもらった。

グミはタワラグミとも言い、俵の形をした長さ２㎝直径１㎝の表面に白い点が散らばる赤い実である。渋みがあったが、完熟すると渋みが減ったと思う。

スモモは家の周りに４、５本植えてあった。熟して黄色くなるスモモと赤くなるスモモがあった。木を蹴飛ばすと、熟したスモモが落ちるので拾って食べた。黄色のスモモが甘かったと思う。赤いスモモは甘味と酸味が強かったような気がする。

(5) キノコ

キノコを採ったことはあまりなかった。良く採ったのは、柳の倒木に生えるナメタケだったと思う。毎年同じ朽木で同じ時期に生えるものを採った。椎茸は楢のほだ木を裏山の林の中において、毎年採っていた。ラクヨウショウ（カラマツ）のキノコは、自分で採った記憶はない。高校時代以降に誰かからたくさんもらって食べた。母は、漬物にして保存し、冬の間に食べた。

料金受取人払郵便

札幌中央局
承認
2511

差出有効期間
平成30年 4 月
30日まで
●切手不要

郵便はがき

0 6 0 - 8 7 8 7

札幌市中央区北三条東五丁目

株式会社共同文化社 行

お名前 （ 歳）

〒 (TEL − −)

ご住所

ご職業

※共同文化社の出版物はホームページでもご覧いただけます。
http://kyodo-bunkasha.net/

愛読者カード

お買い上げの書名

お買い上げの書店

書店所在地

▷あなたはこの本を何で知りましたか。

1 新聞(　　　　　　　)をみて　6 ホームページをみて
2 雑誌(　　　　　　　)をみて　7 書店でみて
3 書評(　　　　　　　)をみて　8 その他
4 図書目録をみて　(　　　　　　　　)
5 人にすすめられて

▷あなたの感想をお書きください。いただいた感想はホームページなどでご紹介させていただく場合があります。

〈個人情報の取扱いについて〉

(1) ご記入いただいた個人情報は次の目的でのみ使用いたします。
・今後、書籍や関連商品などのご案内をさせていただくため。
・お客様に連絡をさせていただくため。

(2) ご記入いただいた個人情報を(1)の目的のために業務委託先に預託する場合がありますが、万全の管理を行いますので漏洩することはございません。

(3) お客様の個人情報を第三者に提供することはございません。ただし、法令が定める場合は除きます。

(4) お客様ご本人の個人情報について、開示・訂正・削除のご希望がありましたら、下記までお問合せください。

〒060-0033　北海道札幌市中央区北3条東5丁目　TEL:011-251-8078/FAX:011-232-8228
共同文化社：書籍案内担当

ご購入いただきありがとうございました。
このカードは読者と出版社を結ぶ貴重な資料です。ぜひご返送下さい。

INATOMI

第6章 農作業、家畜、薪の切り出し

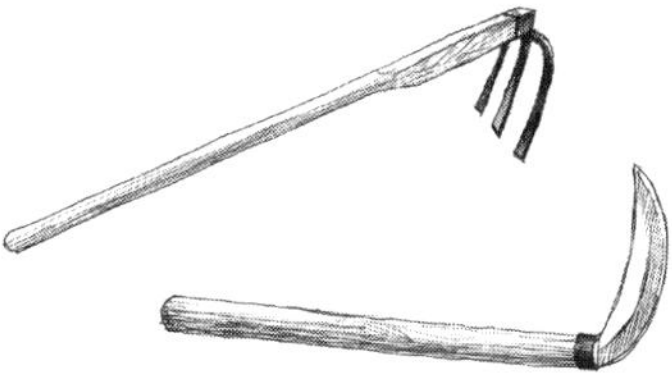

稲富は雨量が少なく低温の地で収穫できる作物は限られていた。ハッカ、ビート、亜麻の耕作が盛んであった。

農耕馬を飼い、山羊からは飲料として乳を、綿羊からは羊毛を取った。当時貴重だった卵を産んでくれる鶏もいた。

木は山の面積単位で買った。3月後半に伐り出して1年分の薪にした。

❖農作業、馬用農機具、農作物（ハッカと蒸留、ビート、ジャガイモ、亜麻ほか）

1　馬の使役と農機具

(1)　馬の使役の言葉に「Back」があった

馬を使う言葉で、馬を後退させる時「バイキ」と言った。これは英語「Back」の訛りだといわれている。

冷害の年には、冬に救農工事があった。馬橇で火山灰を泥炭性の農地に客土する仕事である。1台運ぶ度に「マンボ券」をもらい救農の補助金をもらった。「マンボ券」は何語だったのであろうか。客土を採取する土取り場では、火山灰を馬橇に積んで土の上を発進する。雪の上ではないので滑らず重い。農家の御者の中には、発進が遅い自分の馬の尻を、怒声と共にスコップで思い切り殴って発進させる人もいた。子ども心に馬は怪我をしないのかと心配であった。

(2)　プラウ（plow）犂

プラオと言っていた。馬に牽かせて土を反転させて耕す農具である。厚さ20㎝位、幅30㎝位の土が帯状に反転した。チクサ川の側の荒地を耕すときは、プラウは押さえる力が必要なので父が担当し、手綱は母か私が操って傍らを歩いた。

我が家の農地は5町歩（5ha）、１００間（１８０ｍ）×１５４間（２７８ｍ）の長方形であった。その中を千草川が横切って流れていた。１００間の長さの方向に耕し、１００間畝を作っていた。農作業は１００間畝が単位であった。プラオも延々と１００間の長さの土の帯を作った。

⑶ ハロー（harrow）砕土機

ハローはプラウで耕した表面の土塊を粉砕する、１２０㎝四方の格子状の木に長さ20㎝位の鉄の爪が付いた農機具である。プラウで反転した土の上を、２、３回引き回して土を砕いた。

⑷ 馬車とホドウシャ

馬に牽かせる車には、馬車とホドウシャがあった。

馬車は、直径１２０㎝位の木製の車輪に鉄の箍《たが》をはめ、車輪の間に１２０㎝×２４０㎝位の荷台を載せていた。車輪は硬いので、

馬車

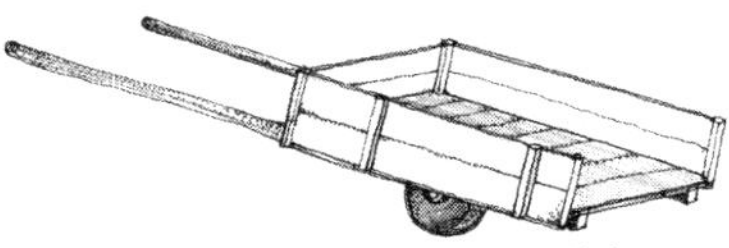
ホドウシャ

道路の凹凸が直接荷台にごつごつと伝わった。ホドウシャは、昭和20年代の後半に出た馬車だと思う。直径60㎝位のゴムタイヤの上に、１８０㎝×２７０㎝位の荷台を載せていた。振動は柔らかく乗り心地が良かった。

我が家は馬車であった。夏休み、農作業の帰りの馬車の上で、暗くなった空に北斗七星と北極星をよく見た。小学校の理科の教科書に星座は載っていたが、満天の星空を見上げても、憶えている星座はあまりなく、天の川を追いかけて喜んでいた。

(5) 馬橇とバチバチ

稲富で使われていた馬橇は3種類あった。

開拓時代から使われていたと思われる馬橇で、戦後はあまり作られなくなった馬橇は、橇の足が大きく前方で湾曲し、幅は90㎝、長さは２７０㎝くらいの馬橇であった。多分、北欧などから伝わった馬橇だと思う。ロシアでは、冬のシベリア旅行で使われたのではないだろうか。我が家にはなかった。

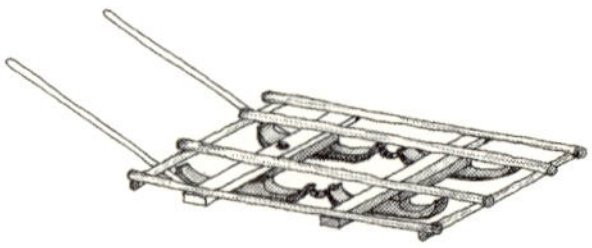

バチバチ

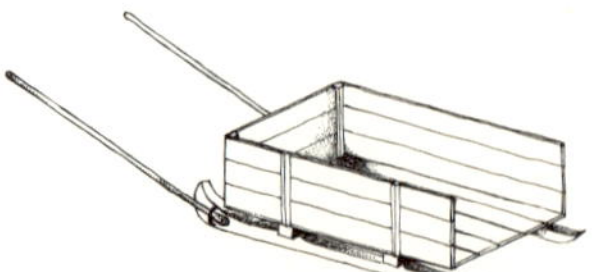

我が家で使っていた馬橇

開拓時代から使われていた馬橇

よく使われていた馬橇は、２種類あった。１種類は、橇の足の長さと荷台の長さが同じで幅１２０cm、長さ２７０cm位の荷台の馬橇であった。呼人に林檎を買いに遠出をするときにも使った。客土のときも重い土砂を積むのに適していたので使われていた。バチバチといっていた馬橇は、長さ１２０cmの２本の橇を前後にトレーラーの様に繋いで、幅１８０cm、長さ３６０cm程の格子状の丸太組の荷台を載せた馬橇であった。山から切り出した丸太や大きな物を運ぶときに利用した。

⑹　馬橇の除雪ラッセル

今は見られなくなったが、道路や鉄道の除雪にはラッセル車が使われていた。russel は除雪装置を発明・創製した会社名である。大型の鋤を２枚合わせて、中央から両端へ雪を掻き分けて除雪する装置である。

稲富には器用な人がいて、馬に牽かせるラッセルを作って馬橇に取り付けていた。馬が道路の深雪を歩いてラッセル馬橇を牽くと、雪は両側へ除雪された。ラッセルの形を木で作り、雪の滑りを良くするためにトタン板を張っていた。

ラッセル

2　農作物

(1)　祖父が網走を選んだ理由

私は父から、祖父が開拓地として網走を選んだのは、気象台の情報を調べ網走が年間雨量800㎜台（1951年から1980年までの年平均雨量は839㎜、1971年から2001年までの年平均雨量は801・9㎜）なので晴天が多いと判断したからと聞いている。網走は雨量は少ないが、春から夏にガス降り（霧雨）になる年は雨量は少なくても晴天ではなく、低温である。冬の積雪も少ない。正月に積雪がほとんど無いこともある。そんな年は、凍土の深さが40㎝を越えて春の耕起が遅れた。

祖父の判断は、当時としては科学的な判断ではあったが、作物に必要な積算温度や日照時間についての気象情報が十分ではなかったための誤りであったと私は思っている。

(2)　米作り

極寒の地網走で米を作るようになったのは、祖父清次郎等稲富の開拓者達の努力と開拓者精神によると思う。稲作は近藤角冶により大正3年に始められ、村の名は大正11年に稲富と命名された（成ヶ澤宏之進、2002年、『網走市稲富郷物語』、オホーツク書房）。しかし、時代の変遷と寒冷地での難しさがあり、昭和45年ころに約60年続いた稲作は消えた。

米作りは、地下30～40㎝位までの凍土が融けた4月に、温床苗代から始まった。油を引いた障子を屋根状に載せた温床を使った。農家同士で労力を貸しあうことを手間換《てまが》えという。5月の田植えは手間換えで、数軒の農家が共同で植えた。私たち子どもも手伝った。休憩や昼飯が楽しみであった。裸足の泥の感覚を憶えている。

籾を直播したこともあった。蛸足のような籾の直播の器具で、水に漬けてうるかした（ふやかした）籾を播いた。豊作の年もあった。

田植え後の水の管理は大切であった。特に低温の日には、田植え後の水を深くして苗を寒さから守った。水田農作業としては、手による除草、手押し除草機による除草、水を切った後は稗の刈り取り除草もあった。花が終わって乳熟期になると、スズメが大群で乳熟期の稲を美味しそうにプチプチつぶして食べてしまう。霞網で獲ったのも、鳥害対策であった。

稲刈りには、鋸鎌を使った。茎が滑らないので刈り取りし易かった。刈り取った稲は、稲架に架けたり、束ねて穂を地面に拡げて乾燥させた後、穂を内側にした稲束を直径1・5ｍ、高さ1・5ｍ位の山に積み上げた。これを「にお」といった。

(3) ハッカ搾り

北見のハッカは有名である。祖父清次郎は、大正7年にサンフランシスコ万国博覧会にハッカ油を出品して銅賞を受賞した（前出『網走市稲富郷物語』）。

私の小学校時代前後には、ハッカは和種と洋種を作っていた。洋種はペパーミントである。どちらも地下茎を植え、花が咲いたら刈り取って「はさ」に干した。乾燥して葉がたくさんついたまま茎ごとハッカ釜で搾ってハッカ油にした。

ハッカ釜は、直径120cm以上の大鍋に、直径120cm、高さ180cmの桶を蒸篭《せいろ》のように載せ、桶上部の蓋の真ん中から銅製の蒸留装置でハッカ油を含む蒸気を取り出し、水で冷やして水とハッカ油に還元する装置であった。

ハッカ搾りは手間換えの共同で、徹夜でやった。馬車で運び込んだ乾燥ハッカを4、5人で桶に踏み込む。最初は高温蒸気なのでハッカを桶に上まで投げ込み、途中から人間が桶に入って踏み込んだ。ハッカ蒸気で咽せ、体にはハッカの匂いが染込んだ。上まで固く踏み込んだあと、蓋をして蒸留装置を取り付けた。搾り終わるまで3時間位かかった。蒸留状況を監視する人以外は、ハッカ釜の小屋の仮眠棚で眠った。

搾り終わった殻は、滑車で天井から釜を引き上げると円筒形の形に残った。殻の下には詰める時に十字型に綱を入れてあるので、綱を滑車に架け円筒形の殻を吊り上げ移動して馬車に積んだ。搾り殻は乾燥して保存できるので、冬の間家畜の良い飼料になった。

私も大人と一緒にハッカの踏み込みもした。しかし、私の思い出は、ハッカ釜の小屋に母が作った食事を運ぶことであった。暗い夜道を、灯りも無しに、中味で重くなったずん胴の薄いアルミ鍋を提げて歩いて運んだ。新月の暗い夜道を灯火無しで歩くことは時々あった。今でも、暗い山の夜道を灯り無しで歩くことができる。

(4) ビート（甜菜《てんさい》）

中学校のころは、本州からの旅行者が「北海道では随分たくさんホウレン草を作っているね」と言っているという話を聞いた。ビートのことであった。

私が小中学生のころは、ビートは確か直播であった。長さ6cm、太さ2cmの紙製のポットに作る苗植えは、昭和40年代からであったと思う。

ビートの収穫は、長さ10cm位の曲がった2本爪が付いた専用のビート抜きの鍬で、長さ20～30cmのビートを抜き取り、これまた専用のビートの葉を落とすナタでビートの葉を株元ごと切り落とす。ビートナタは長さ30cm、幅6cm位の菜切り包丁の刃の先に、ビート

ビートとナタ

を刺して持ち上げる鉛筆のような太い針が付いていた。収穫したビートは、甜菜糖工場へトラックで出荷した。

農業の大規模化と共に現在では、トラクターで掘り、葉を落とし、ビートを集め、トラックに積み込むまで機械化されている。

ボルシチに欠かせない料理用の生のビートは、日本では現在でもあまり手に入らないと思う。甜菜糖を作るビートは、生で食用にするとアクが強く料理には使えなかった。子どものころ、生でかじったが甘さとえぐみが口に残った。

(5) 亜麻

亜麻は、現在作られているのだろうか。亜麻色という言葉は使われているが、亜麻を見たことがある人は随分少ないのではないだろうか。

亜麻は草丈1m、太さ1㎜で、先端に直径1㎝くらいの薄紫の上向きの杯状の花を付けた。花の後に直径6㎜位の手毬のような形の実をつける。実の中には、赤茶色のゴマの様な種が入っていて、種からは亜麻仁油が取れる。乾燥した亜麻を、5、6本つかみ両手の指で挟んで揉むと、表面の麦藁状の皮が取れて金髪のようなたくさんの繊維が残った。

私が今でも鮮明に思い浮かべることができる光景は、亜麻の出荷用の集積場である。基線道路の側にあった雑貨屋兼簡易郵便局（後に父母が移り住んだ）の道路を挟んだ対角線上の畑に、径60㎝の亜麻の束を縦横20ｍ、高さ６ｍ位に積み上げてあった。そこを小学校の帰りや、休みの日の遊び場にしていた。柔らかくて少し滑る亜麻の山に攀じ登った。

⑹　豆類の脱穀、稲の脱穀

大豆、金時豆、小豆、野菜豆（トラマメ、花豆）は豆殻が茎についたまま乾燥した後、筵を敷き並べた上に広げ、唐棹《からさお》で打って脱穀した。私も父母と一緒に脱穀したことがある。唐棹は、竿の先に回転する１ｍぐらいの短い竿をつけたもので、短い竿を回転させながら振り下ろし丁度地面と水平になったところで、豆殻を打つ。使うにはちょっとこつが必要であった。

足踏み式の脱穀機も使った。稲は普通、発動機（ガソリンエンジン）を使った動力脱穀機で脱穀する。これは我が家には無かったので、手間換えで本家の脱穀機を我が家に据えて１日掛かりで稲の脱穀をした。これとは別に、我が家で採れた新米を早く食べる時には、足踏み式の脱穀機を使った。長さ１ｍ、直径40㎝くらいの円筒の表面に高さ５㎝くらいのへアピン形の針金を植え込んだ機械である。円筒を横にして足踏み式で回転させ、籾の付いた稲わらを回転している円筒の上にのせると、へアピン形の針金が籾を脱穀する。稲が実った年は、光って美味しい新米を早く味わうことができた。

(7) ジャガイモの収穫と澱粉工場

ジャガイモは澱粉を採るための作物であった。野菜や食料としても利用した。

私が小中学生のころのジャガイモの収穫は、馬が牽くジャガイモ堀の機械を使っていた。畝の下20cm位を鋤の刃が通り、その後ろで八個の20cm四方のフォークがロータリー式で回転し、ジャガイモの畝を横から掬って土と芋を跳ね飛ばす。土と一緒に跳ね飛ばされたジャガイモは3m位の幅で散らばった。馬が歩く速さでジャガイモはどんどん土の上に拡がっていくので、次の畝に周回してくる前に一斉に金網の籠を持ったいも拾い人が拾い集めた。百間畝を10人で10間ずつ受け持ち、馬の次の周回までに拾い終えなければ、馬の進行を止めてしまう。間に合わなければ早く拾い終えた人に手伝ってもらう人もいた。中学生のアルバイトが活躍した。中学生の拾い手を募集して、日曜日にジャガイモの収穫をする農家も多かった。

稲富には澱粉工場があって、農家と工場がジャガイモ搬入の順番を決めて澱粉工場にジャガイモを搬入した。子どもたちは、よく澱粉工場を見学がてらに遊びに行った。ジャガイモを磨り潰し、水で濾し、澱粉を沈殿させ、沈殿した澱粉を乾燥場で乾燥させるまでの工程が、大きな沈殿槽を順番に流れていった。乾燥場では、薪を燃やす大きな竈《かまど》の上に、畳大の紙を張った木枠を何層にも重ね、木枠の中に水で固まった澱粉を10cm以下の大きさに砕いて拡げ乾燥させた。

子どもたちの目当ては、10㎝大の澱粉の塊を竈の火に入れて焼き、取り出して表面が5㎜の厚さで皮状に糊化したものを剝いて食べる、澱粉焼きであった。工場で沈殿して固まった澱粉の塊の澱粉焼きは忘れられない味である。それを真似て、澱粉粉を水で練っておにぎり大の塊にし、ストーブの上や火の中に入れて焼いたが、精製されすぎている感じで、味が単純であった。

3　貯蔵

(1)　キャベツの貯蔵

キャベツは直径30㎝以上のものが採れた。冬の間の貯蔵は、畑に畝状に穴を掘りキャベツを逆さに穴に並べて、根を地面に出して土で埋めた。土は凍り、その上に雪が積もった。冬、目印に立てた棒を頼りに、雪を掘り、キャベツの根を見つけ、ツルハシで土を砕きキャベツを掘り出した。キャベツは凍らずに生き生きとしていた。冬の新鮮な野菜であった。

(2)　白菜の貯蔵

白菜も大きかった。白菜は1個1個新聞紙に包んで屋根裏に貯蔵した。零度以下になっても乾燥しているためか、貯蔵できた。

(3) 室《むろ》貯蔵（ジャガイモ、人参）

家の裏手の丘に作った室には、根菜類を貯蔵した。幅90㎝、奥行き１２０㎝、高さ１２０㎝程の室の中には、林檎も貯蔵した。室の蓋を開けると、ジャガイモや人参の土臭い匂いに林檎の匂いも混じった、温かいモワッとした匂いがした。

(4) しま草（冬の馬の餌）作り

夏、河川敷や荒地で背丈程に伸びた草を刈り取り、３本足の小さな「にお」にして干し草を作った。

秋に集めて納屋に積んだ。新鮮な草がない冬に、馬にご馳走として食べさせた。馬は、喜んでしま草をくわえ首を振り回して、旨いと言っているようであった。

「しま草」の匂いは干し草の匂いであるが、なんとなく甘い匂いがした。乳酸醗酵をしていたのかもしれない。

しま草

4　農地管理

(1)　暗渠排水

我が家の農地は下層が泥炭地であった。排水用の暗渠を補助事業で設置したことがあった。直径10㎝、長さ40㎝くらいの素焼きの土管を、深さ1ｍくらいに設置した。掘り返した昔の暗渠には、土管があまりない時代の、柴を入れて板状の泥炭で蓋をして土で埋めたものもあった。凄いと思ったのは、幅30㎝の泥炭の溝の底に幅深さ共10㎝の溝を掘って、30㎝の泥炭の板で蓋をして泥炭の暗渠を作ったという父の話であった。泥炭は、そんな細工が可能な組織構造であった。

(2)　泥炭層の火災

泥炭層まで乾燥する春もあった。排水路は泥炭層まで掘り下げて、暗渠からの排水を流した。排水路両側には掘り上げた泥炭を土手状に盛り上げてあった。春、排水路周辺に生えた枯れ草に火をつけて燃やした。乾燥した年には、火が排水路土手の泥炭に燃え移り、1

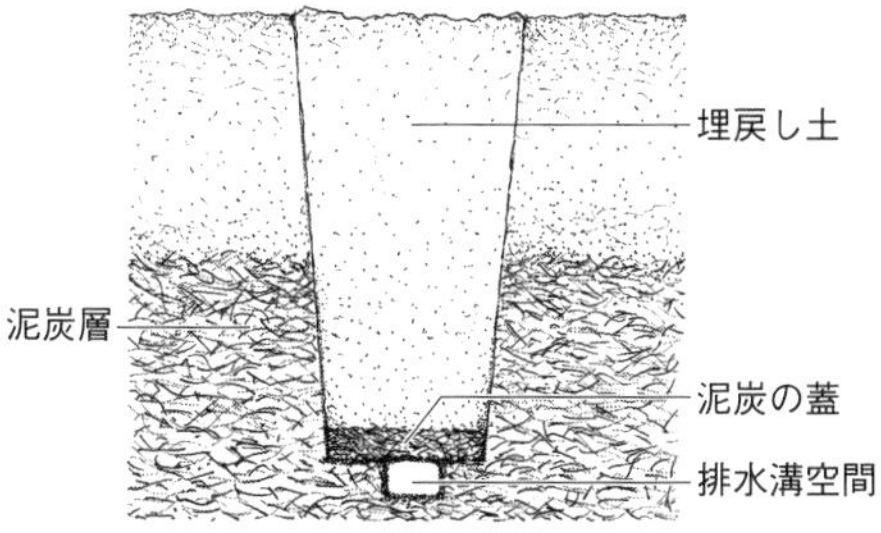

泥炭の暗渠

週間以上くすぶることがあった。父の話では、火が乾燥した地下の泥炭に燃え移り、地下の泥炭層火災になると長期間耕作できなくなるとのことであった。

5　野地坊主《やちぼうず》

山際の湧水湿地には野地坊主があった。野地坊主の草の根が長年積み重なって湿地地面から高さ30㎝直径30㎝位の円柱状の草の坊主になり、50㎝〜1ｍ位の間隔で立ち上がっていた。こくわ取りなどで山に入るときに、山麓の湿地で野地坊主の頭を飛び石のように渡り歩いた。畑の縁の排水路の土手にも野地坊主があった。春に枯れ草を焼くと、野地坊主は頭の周りの野地坊主草が焼けるだけで坊主状の本体は健在で、また草の葉を茂らせた。

6　牧場のザゼンソウ退治と水芭蕉

ザゼンソウは、本家の牧場周辺の湿地に生えていた。濃い紫色で、不気味な形をし、強烈に臭いので、我々子どもたちは、毒草だと信じていた。家畜が食べたら危ないと考え、ザゼンソウ退治を役に立つ遊びだと思っていた。木の棒を持ち、片端からザゼンソウを叩き根元からもぎ離した。根は残っているので、毎年絶えることなく不気味な花を咲かせた。

ミズバショウも、稲富では畑の隅の湿地に生えていた。私にとってはザゼンソウに似た花（棒状の花）を付けるので、ザゼンソウの仲間の臭い嫌な植物であった。英語でスカンクキャベツというように、ザゼンソウと同じ嫌な臭いがした。

尾瀬のミズバショウの歌を習ったのは、小学校高学年か中学校だったと思う。ミズバショウの美しさを讃える歌詞は、私には身近なミズバショウの嫌なイメージとはかけ離れていて、他所事のように感じられた。

❖飼っていた動物（馬、山羊、綿羊、鶏、ウサギ、猫のピゲと犬のポチ）

1　家畜

(1) 馬

農耕馬を飼っていた。フランスで作られた品種が多く、ペルシュロン種など雌でも体重500kgを超えた。1頭を10歳位まで使ったので、私が覚えているのは2代、2頭である。1年おきに子どもを生んだので、子馬はよく見た。2歳馬で売ることが多かった。1代目が十歳くらいのとき農耕馬か肉用かで売り、3歳馬の2代目を買った。売られていく馬が可哀相であった。

春、馬が発情したら稲富の博労に連絡して種馬にきてもらった。博労は馬の売買だけではなく、種馬による種付けもした。種付けは、子どもたちがいつも見た光景である。子馬は翌年早春に生まれた。母馬は、1年おきに子馬を生んだ。お産は父が様子を見ていて、生まれる時には人間が手伝うことが多かった。早朝、難産の場合は出かかった子馬の足を引っ張って、生まれるのを手伝った。逆子の難産で死んで生まれたこともあった。

子馬は可愛かった。当歳馬は、放し飼いで母馬に付けた。2歳になると、「もくし」を付けて調教を始めた。「もくし」とはロープを結び、馬の頭につけて轡《くつわ》の代わりをするもので、父が作った。轡と違って口の中に入れる部分は無かった。だんだんと、もくしに慣らし、やがて轡を付けて調教した。

2歳になった子馬は、網走の駒場まで母馬の馬車と一緒に連れて行き、品評会（競り市）にかけて売った。私も暗いうちから馬車に乗って、5里（20㎞）の道を4、5時間かけ、何度か付いて行ったことがある。品評会では、競り人が囲む広場を父が子馬を連れてぐるぐる歩いて廻った。何頭か終わったあとに値段がついた。

馬に乗るときは、鞍が無かったので裸馬で乗った。背中に南京袋を懸けて、その上に跨った。背中の高さは160㎝くらいあり、子どもの私は高い台の上から乗った。馬の背中の幅は広く、子どもが跨るとほとんど背中の上の方で大股開きの状態であった。父は、手綱か鬣《たてがみ》に掴まって落とされないようにするよう教えてくれた。鬣を引っ張っても痛くないのかなと思った記憶がある。小学4年生のときの春、母に言われて産み月が近い馬の運動のため1人で馬に跨り4㎞くらいの道を歩いた。途中で何かの拍子で落馬し、再度乗る場所が無かったので手綱を引いて家まで帰ったこともあった。

馬の餌は、冬には基本的には稲藁を刻んで与え、夏の間にヨシ、ヨモギ、ススキなどの草を刈って乾燥させた「しま草」もたまに与えた。夏場は青草を刈って与えた。青草は1日に二抱え程（縄で直径60㎝くらいに縛った草2束）必要で、毎日草刈をした。ご馳走は燕麦などの穀類で、労働が激しいときに与えた。人参などの根菜類も好んだ。秋には、デントコーンを刻んだものを喜んで食べた。好物を与えると、食べながら大きく首を振り回した。

米の研ぎ汁も好物であった。毎日バケツ1杯位できるので、水代わりに飲ませた。ただの水よりも、美味しそうにごくごく飲んだ。

夏場は、チクサ川のそばにあった牧場に放して草を食べさせた。夕方暗くなって連れ帰るときは、牧場出入り口で「ポー、ポー」と呼ぶと出入り口に寄ってきた。

(2) 山羊

山羊は、山羊乳で私や妹たちを育てるために飼っていた。白い山羊で、雄と雌を飼い毎年子山羊を産ませ、乳を搾った。山羊乳は牛乳より濃い味であった。山羊は、草のある時期には草場に鎖でつないで草を食べさせた。夜は小屋に入れて、朝か晩に1度乳を搾った。両耳の真下の顎に白い房があった。長さ5㎝太さ1㎝程の白い毛に覆われた柔らかい肉塊であった。

子山羊は1度に2匹生まれることが多かった。雌だけなら2匹育てた。雄と雌が生まれると、その雌は乳を出さないとして雄雌とも処分した記憶がある。

一番下の妹が山羊乳を必要としなくなったころ、雄山羊をつぶしジンギスカン鍋で食べた。

肉は乳臭い味がした。山羊の雄は、小便を腹の下を通して飛ばし、口で受けて飲んだ。小便が雄山羊にとって美味しいかどうかは知らないが、いつも雄山羊は臭かった。肉を食べたときには小便臭さはなかった。山羊の皮は敷物か尻あてに使ったが３、４年で毛が抜けて廃棄したと思う。

⑶　綿羊

綿羊は羊毛を採る為メリノー種をいつも２、３頭飼っていた。春先羊毛を刈取った。毛を刈る専門家を頼んだ。刃が25㎝全長は40㎝ほどの鋏みを使っていた。羊の向こう側の前後の片足を掴んで横倒しにした。長さ10㎝ほどの羊毛を、マントを剝がすように刈り上げた。毛を刈られた羊は山羊のように細い体になって、寒そうで別人（別羊？）のように見えた。

羊毛は業者に渡して毛糸と交換したり、売ったりした。隣の家では、刈取った羊毛を自宅でお湯を沸かし油を除き、太い毛糸に紡いだ。毛糸は生成りで、編んだセーターは黄色がかった象牙色であった。隣の家の兄さんに触らせてもらったが、セーターは厚くて重かった。今思えば、北欧で売られている、毛糸に脂分が残っていて羊の毛のように雨をはじく「オイルセーター」だと思う。

羊は草のある場所に繋いで、毎日のように繋ぎ場所を移動した。ある時、ブシ（トリカブト）

があることを知らずに繋ぎ場所を移動した。大抵の草食動物はトリカブトを食べないが、私が繋いだ綿羊は、トリカブトを食べて死んでしまった。

トリカブト

牧場に繋いでいた綿羊が、野犬に殺されたこともあった。食べ残された綿羊の側にトラバサミを仕掛けた。夜中に犬の鳴き声がするので、父と2人で牧場に見にいった。スピッツの野犬がトラバサミにかかっていた。ロープを首に懸けて締めたら、低い唸り声とともに一嚙みでロープを食い千切ってしまった。改めて羊を繋いでいた鎖を首に懸け、かます（わらむしろを綴じた袋）の内側の底を通してかますの中に引っ張り込んだ。そのまま川に投げ込んで、岸に鎖をとめて家に帰った。翌朝、死んだ犬を引き上げ、羊が殺された場所に数日見せしめのため放置した。

(4) 鶏

私が小学生になるころまで、鶏は10羽程の放し飼いで、馬小屋を住み場所にしていた。巣は鶏にとって快適で安全な場所に隠すように作ってあった。卵は、そんな巣を見つけて2、3個ずつ集めた。見つけるまでに受精卵が育ち、生卵を割ると血管がはりめぐらされた卵になっていたものもあった。放し飼いなので、鶏が餌を捜して家の周辺を歩き廻り、私が放置した餌の付いた釣り針にかかったこともあった。

このころ、鶏卵は貴重品で近所の病気見舞いなどに使われた。

昭和25、26年ごろだったと思うが我が家では、父が鶏舎を自分で建て養鶏を始めた。春三月、孵化場から孵化したての鶏の雛を１００羽ほど取り寄せた。鶏小屋の中に、石油ヒーターを入れた雛を育てるための、ガラス戸の蓋の箱（１８０cm×１２０cm、高さ45cm）を置いた。ピヨピヨ鳴くひよこは可愛かった。昭和25、26年ごろは、雛の餌として卵の黄身を茹でてつぶして与えた。そのうち、配合飼料が出回るようになり、雛用の餌も月齢に応じた餌を買って与えるようになった。

成鶏用の配合飼料が使われる前は、鶏の餌を毎日作った。直径１２０cmほどの大鍋に、五十集屋から買った「ざっぱ」と称する魚の粗や雑魚と、フキやムラサキ蕪、ジャガイモ、大根、などを一緒に煮て餌を作った。煮た餌に、糠、燕麦、などの乾燥した穀類を混ぜて水分を調整して、樋状の餌箱に与えた。30羽ほどの平飼いの部屋に、餌箱を2、3列置いてあった。

サイロで作ったサイレージも与えた。ビートの葉っぱのサイレージだったと思う。冬の間継続的に餌が供給できた。

45cmの正方形の箱に直径18cmほどの丸い穴を開けて卵を産む箱として、90cmほどの高さに並べた。出入り口の前には止まり木を１本配置した。

たくさん飼っていると、卵をつついて食べる鶏も出た。食べられた殻が見つかると、母は嘴に黄色い黄身を付けた鶏を見つけだして、つぶして食用にした。

雄鶏も平飼いの中に2、3羽いた。雄鶏は、人間の後ろからふくらはぎのあたりをつついて追いかけてきた。私は子どものころ、強がってはいたが少し怖かった。

養鶏を始めてからは、週に1、2回卵買いの商人が来た。稲富や山里の養鶏農家を廻り、買い集めた卵を網走で食堂や料理屋、旅館などに卸していた。卵買いは情報屋でもあった。母は、卵買いと話す中で近隣の情報を得ていた。

母が鶏卵を売るときは、卵買いが卵の個数を数え終わったときに、暗算で代金を計算していた。卵買いは初期のころ、算盤で計算した代金を機会があれば誤魔化そうとして少なく言った。しかし、母には通じないと分かり、「母さんは計算が速いからな」と言って代金を誤魔化そうとすることは無くなった。

2 ペット

(1) 飼いウサギ

ウサギは小学校でも飼っていたし、自分でも飼っていた。小学校のウサギは、男子生徒の当番制で面倒を見ていた。ある放課後、子どもをとるために交尾をさせていたら、若い独身女性の先生が見に来た。先生は、黙って興味深そうに見ていたが、何も言わずに帰っていった。我々ガキどもは、先生の顔と交尾中のウサギを交互に興味津々に見つめたが、たいした反応もなく、つまらなかった記憶がある。

我が家のウサギは、自分で作ったウサギ小屋で1年ほど飼った後、鶏小屋で飼った。面倒でもあったし、ウサギの尿が防虫効果があって鶏に良いという話もあったので、鶏小屋の中に出入り口を開け放したウサギ小屋を置いた。餌は鶏の餌を食べれば良いので、私の世話は必要なく随分楽をした。鶏もウサギも別種の動物がいることに全く気づかないような行動に見えた。ただ、アナウサギなので随分アチコチに穴を掘るので、平らに直さなければならなかった。

アナウサギ（Rabbit）とノウサギ（Hare）の生態が随分異なるのを知ったのは、中学生になってからだったかもしれない。ただ、小学校4年生ころの国語の教科書で、母ノウサギが子ウサギに足で信号を送って敵から身を守らせる話は読んでいたが、その生態と関わっているとは思いもよらなかった。ノウサギも、飼っているアナウサギと同じに赤子で生まれ1ヶ月ほどの授乳の後に、ヨチヨチ外に顔を出すと思っていた。しかし、ノウサギは産まれてすぐ草を食べることができる仔を春に2、3匹産む。初乳は授乳しているのかもしれないが、すぐ1人立ちである。臆病者のラビットとは大違いの生き残り戦略である。

⑵ 猫のピゲと犬のポチ

ピゲは私と同じ年に生まれ、24歳で死んだ大きな雌の三毛猫である。5、6歳までは、お客さんが来て上がり框で手を付いて挨拶すると、待ち構えていてお客さんの頭や手を引っかいた。家族には全く手を出さないが、他の人や動物に対しては攻撃的であった。

犬のポチも飼っていた。ポチは短毛で小太りの斑の雑種の中型犬であった。他所の犬との喧嘩でいつも負けていた。家の側に来た他所の犬にポチが負けていると、ピゲが飛び出していってポチの上になっている犬の背中に飛び乗り、深く引っ掻いて飛び離れた。犬は、思わぬ伏兵による背中の痛さにキャンキャン鳴いて退散した。

昭和26年ごろ、ポチは野犬狩り用の毒餌を食べて死んだ。どこの家も犬は放し飼いであったから、4、5匹近所の犬たちが群れていることが多かった。稲富には雑貨屋が3軒あったがその内の1軒の近くで、3、4匹の犬が死んでいた。父が、他所の人の知らせで死骸を拾ってきて、家の近くに埋めた。

それ以来、犬を飼うことはなかった。

❖樵（春の薪用丸太切り出し）と稲富の樹木

1　樵

(1)　山ごと買った薪

1年分の薪を山の面積単位で買った。3月後半、山に木を切りに父と2人で通った。弁当と樵の腰道具、雪の上に座る南京袋を持って近くの木を買った山に通った。山仕事の人は、腰から尻のほうへ四角形の犬の毛皮を下げていて、雪の上にそのまま座るだけで良かった。

切る木の周りの雪を少し掘って、南京袋を敷いて腰を下ろし、できるだけ根元に近いところで鋸の刃を入れた。鋸の刃が進んで木が倒れるころになると、2人で注意して倒れる方向を見守った。ときにはロープで倒れる方向を誘導した。稲富の人達の中には、木を倒すときに事故に遭う人もいた事を聞いていた。

私も父の半分くらいの本数を倒したと思う。ロシア語で、雪に覆われていても日差しが春を思わせる日のことを光の春という。その光の春を思わせるような暖かい日は、ザラメ雪の上でブドウやコクワの蔓でターザンごっこに興じていた時間も長かったと思う。

弁当は楽しみであった。雪の上で焚き火をした。雪の上の焚き火はこの時憶えた。網走の三月は寒かったと思うが、私の記憶では光の春の日光に包まれた暖かい気候であった。母が作った握り飯と漬物ぐらいしか無かったと思うが、焚き火で沸かしたお湯と共に美味い昼飯であった。

倒した木は枝を落とし、幹を長さ12尺（3・6ｍ）位の丸太にした。切った丸太は林道のあるところまで、雪の上を1本ずつ鉤で引っ掛け、鎖で馬に引きずらせ山出しをした。林道からは、バチバチの馬橇に積んで家まで運んだ。

(2) 薪作り

12尺の丸太を、4尺（1・2ｍ）に切り、薪切り台に載せて1尺の長さに鋸で切った。1尺（30㎝）の丸太をまさかりや斧で割った。薪割りは、割れ易い木の癖（方向）を見出して、腰を入れて1回で割らなければ旨く割れなかった。薪割りでは、ドロノキやシラカバは一撃でスカッと割れて気持ち良かった。ヤチダモ、ハルニレ、アカダモは繊維が粘って割れにくかった。ナラは堅くて割れにくかったが、同じように堅いイタヤは割れやすかった。

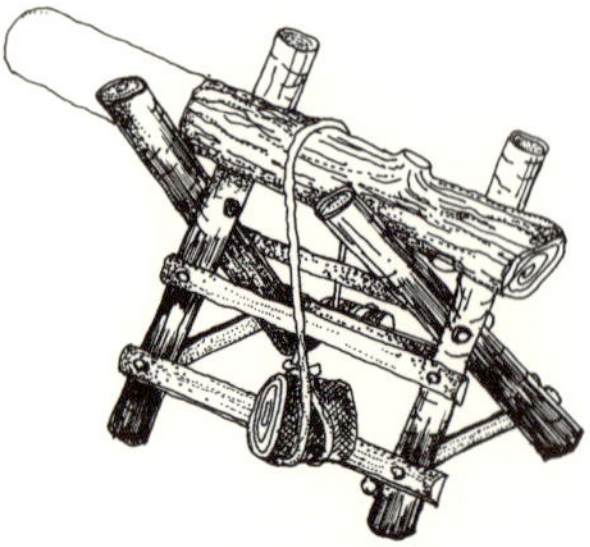

薪切り台

割った薪を軒下に積み上げた。家の壁が薪で覆われている光景に変わった。積み上げた生の薪は乾燥して、1年分の燃料になった。

(3)　稲富の樹木

薪を切りに山へ入った時や狩猟の雪山歩きの時に、父に教わった樹種は多い。スキーや馬橇、農機具の柄、野球のバット、鶏舎を建てる時の材料などに使う樹種は、木の性質と共に父から教えられた。葉の無い時期に樹皮や樹形で覚えたものが多かった。

スキーや手押しの橇、馬橇にはイタヤ（イタヤカエデ）を使った。硬くて加工は大変であるが、表面はすべすべに仕上がった。農機具の柄には丈夫なナラやイタヤを使った。隣の腕白野球少年のために作ったバットには、アオダモを使った。建物を建てるときは、使う場所で異なる樹種を選んだ。クルミの木は、磨くとつやが出るので、上がり框やストーブ台の縁に使った。お金をかけた家の床柱にはイタヤやオンコ、欄間には節くれだったイタヤの大木などが選ばれていた。鶏舎の場合は、入手し易さもあってかトドマツ材を多く使った。父は鶏舎の柾屋根を自分で葺いた。柾の材料はなんだったのかわからない。

アイヌは、彫り物の材料にシナノキを使っていた。シナノキは、白くて柔らかい材質で、綺麗に加工することができた。イナウ（熊祭りや神を祭るときに使う木を薄く削って木の周りにぶら下げた御幣のようなもの）には、ミズキやヤナギが多く使われた。

薪にはあらゆる木を利用した。上に挙げた樹種の他に、シラカバ、ラクヨウショウ（カラマツ）、ヤチダモ、アカダモ（ハルニレ）、ドスナラ（ハシドイ）、ハンノキ（ヤマハンノキ）、ミズナラ、ドロノキ、エンジュ、カツラ、シコロ（黄色の内皮は湿布薬）、シナノキ、センノキ（ハリギリ）などがあった。

山に咲く木の花では、コブシ（キタコブシ）、サクラ（エゾヤマザクラ）、ツツジ、サビタ、オオカメノキ（ムシカリ）、ネコヤナギなどが見られた。実が美しかったのは、ツルウメモドキ、ヤドリギ、オンコ（イチイ）などであった。ミズキは、二十日正月のミズキ団子（まゆ玉）の飾りに使った。繭玉の団子は飾ったあと焼いて食べた。カシワの若葉は、6月ごろ柏餅にして葉も一緒に食べた。

INATOMI

第7章 稲富の行事、畑の土器

行事は楽しみにしていた。お正月やお祭りのような年中行事もあるが、学校行事は地域全体の娯楽の場であった。運動会も学芸会も農閑期に開かれ、ご馳走が並んだ。

畑からは、はるか昔に使われていた土器が発掘されたが、今でもこの地域に昔はどの様な人々が暮らしていたのかわかっていない。

❖稲富の行事（正月、運動会、学芸会、学校の冬支度、盆踊り、秋祭り）

1　暮れの餅つきと正月

⑴　餅つき

餅つきは、12月28日か30日であった。29日は苦餅《くもち》なので餅つきはしなかった。朝3時の暗いうちから始まった。蒸篭《せいろ》で餅米を蒸かし、木の臼で一升餅をついた。子どもたちも4時ころから起きて、見守ったり手伝いをした。のし餅、豆餅、ヨモギ餅、餡子餅、お供え餅などを作った。1斗10臼近くを、父1人でついた。

のし餅、豆餅、ヨモギ餅は、夕方凍る前に切り餅にした。切り餅は翌日には凍り餅になった。のし餅とヨモギ餅はのし板の上で90㎝×60㎝厚さ2㎝に延ばし、固まってから3㎝×6㎝くらいに切った。豆餅は黒大豆を茹でて餅米に混ぜてついたもので、なまこ型にしたものを厚さ2㎝くらいに切った。ヨモギは春に採ったヨモギに熱湯を通し、干して保存したものを使った。

餡子餅は、前の日に小豆を茹でて作ってあった漉し餡を入れて丸いもちにしたもので、ついた日の朝食として柔らかいうちに食べた。翌日からは餡子餅も凍った餅を焼いて食べることになった。凍った餡子餅を焼くと、皮が破れて膨らんで鼻ぶく提灯ができた。

(2) 正月の準備と大晦日

正月を迎える準備はクリスマスの後、28日ごろから始まった。

食べ物の準備が多かった。羊羹、餡子、黒豆の煮豆、大根と人参の千切りのなます、煮しめ、蕗とワラビとさつま揚げの煮物などを作った。これらを重箱に詰めて、正月の間に食べた。

羊羹作りは、子どもたちも楽しみにして手伝った。小豆を茹で、漉し餡を作り、寒天を湯で溶かして混ぜ、砂糖を加えた後は、時間をかけて熱を加えながらへらでかき回し水分を飛ばしていく。６時間くらいかけたと思う。子どもたちは、ストーブにかけた羊羹の鍋の火のかげんを見ながら、へらでゆっくりかき回した。途中、指で羊羹の味を見るのが楽しみであった。水分が飛んで、かき回すへらが重くなるとそろそろ出来上がりである。母がかげんを見て、琺瑯びきのバット（30㎝×45㎝深さ５㎝）に流し込んだ。後は、固まるのを待つだけであった。毎年、練りかげんで、羊羹の出来が違った。大晦日に食べながら、母と父があれこれ批評をした。

29日は大掃除で、畳を裏返すと古い新聞が出て来て、それを珍しがって見ていた記憶がある。子どもたちはガラスを磨いたり障子の張替えの手伝いをしたり、家族中で働いた記憶がある。

大晦日にすることは決まっていた。しめ飾りを玄関、裏口、馬小屋、鶏舎、手押しポンプ、につけた。しめ飾りは、トドマツの枝にミカンと父が左に綯《な》った細い縄に御幣をあしらった。外便所にはつけなかったと思う。鏡餅は、神棚、馬小屋、鶏舎に置いた。

母は、正月の料理を朝から作っていた。子どもたちは、明るいうちから沸かした風呂に入り、年に一度の新しい下着に着替えた。

我が家では、年越し蕎麦は食べなかった。父が毎年大晦日に言うことには、「年越し蕎麦は大晦日に忙しい商人が短い時間で食べるもので、農家ではご馳走を並べてゆっくり年越しをするものだ」というものであった。そんな理屈はともかく、子どもたちは食後の「口取り」（羊羹や寒天よせ、みかん、林檎など）が楽しみであった。

(3) 元日

元日の朝は、父が若水を汲むことから始まった。台所の水瓶の氷を割り、ストーブで沸かしたお湯を、迎え水として手押しポンプに入れて水を汲み上げた。

若水は、元日の炊事に使う。母はお雑煮を作った。お雑煮を作っているころ、子どもたちは起きてきた。

我が家のお雑煮は、岩手県宮古市の作り方を守っていた。豚肉味のお雑煮であった。豚肉は、近所で飼っていた豚をつぶして近所同士で分けた肉だった。豚の後ろ足の腿を1本台所につるした。台所は天然の冷凍庫であった。豚肉が手に入らない年は、鶏を使った。独特なのはお雑煮の中のお餅を取り出し、煎り胡麻を磨って作った甘い胡麻だれにくるんで食べることであった。ゴマだれをクルミだれにすることもあった。私も姉妹もこの味は忘れられないのではないだろうか。私は結婚後もゴマだれ付きのお雑煮を食べている。姉妹は他県を先祖に持つ人と結婚したが、お雑煮が宮古の味か他県の味になったかは確認していない。

小学校では、元日に新年の式典が行われた。９時か10時に新年の式典は開会した。日の丸を張った演壇の前に全校生徒（約１００人）が整列した。来賓や父兄は両側の椅子と生徒の後ろの椅子に座った。開会の言葉に続いて校長先生の式辞があり、来賓挨拶があった。ＰＴＡ会長、稲富選出の市会議員、区長さんが新年にあたっての言葉を述べた。

冬休み中であったが、生徒は全員出席した。毎年、新年の清清しい気分を感じた。

2　学校行事

(1)　運動会

運動会は春に行われた。田植え後の農閑期、６月であったたと思う。１ヶ月の練習があった。

運動会は父兄も含めた楽しみな集いであった。稲荷ずし、海苔巻き、煮しめ、卵焼きなどお祭り並みの弁当を作って父兄が敷物を敷いて見物した。昼休みには、子どもたちは自分の父兄の席に駆けて行き、楽しみな運動会弁当を食べた。

運動会の朝には、徒競走で勝てるように足を軽くするため、ふくらはぎにハッカ油を塗って運動足袋を履き学校に行った。

リレー競技には、他校の遠征組みも参加した。我々の学校も、足が速い高学年達が揃った年には、隣の小学校へ遠征し勝ち抜いた。小学校間で連絡を取り合い、運動会を開催する日が重ならないようにしていた。

(2) 学芸会

学芸会は農作業が一段落した秋に行われた。生徒が少ないので、複式学級1教室2学年で1つの劇と、合唱、独唱(6学年)、などが出し物になった。少なくとも6学年で9つの出し物は確保できた。独唱は父兄の興味が高く、批評と褒め言葉がささやかれた。姉は独唱の常連であった。私の学年は男7人女4人で歌の上手い男の子が学年代表で独唱に出た。劇も手作りで衣装も小道具も大道具も先生と一緒に生徒が手作りした。普段の図工とは異なり、大きな道具や絵を描くのは新鮮であった。体育館の学芸会も、やはり昼休みのお弁当が親子とも楽しみであった。運動会と似た様な食べ物であるが、年に一度か二度のご馳走なのであった。

(3) わさび大根集め

小学校では、市の予算以外でブランコを作ったり施設を作ったりするために、子どもや父兄の協力で資金集めをした。金物を学校に持ち寄って雑品屋に売ったり、畑の雑草になっているわさび大根（西洋わさび）を掘って学校に集め、わさび加工会社の「金印」に売った。南京袋に一杯詰めて学校まで自転車に載せて運んだ。わさび畑を作っている農家も少ないながらあった位であるから、これは良いお金になった。今、スーパーで売られているチューブ入り練りわさびで、「本わさび使用」と「本わさび入り」があり、前者は本わさび50％以上、後者は本わさび50％以下である。北海道のわさび大根（西洋わさび）がいかにわさびの主流であるかが分かると思う。そういえば、子どものころのわさびは、缶に入った粉わさびで、原料は１００％わさび大根であった。

(4) 焚付け作り

11月から3月までは、教室で鋳物の石炭ダルマストーブを使った。石炭ストーブの仕事は、焚付け、燃焼中の石炭継ぎ足し、灰の取り出しと灰投げ（北海道弁でゴミ投げ場、炭殻《たんがら》投げ場と立て札に書いてあった）、１週間毎の煙突掃除があった。石炭ストーブは、１週間交代の週番の生徒が早めに学校に来て焚付けた。石炭の焚付けには、直径15㎝、長さ30㎝程に稲藁で縛ったカラマツの枯れ枝の束を使った。このカラマツ細枝の焚付け作りは、学校の年中行事であった。10月、小学校から500m程離れた墓地の山の斜面のカラマツ林に、高学年の生徒が行き、枯れた下枝を折り集め、学校まで運んだ。積み上げた枯れ枝を、手で30cm位に折り、稲藁で直径15cm程に束ね焚付けを作った。焚付けは石炭貯蔵室の隣の部屋に積み上げた。

(5) 石炭貯蔵

石炭は市から支給された。12畳ほどの石炭貯蔵室の前に、トラックで運ばれた石炭の山ができた。5、6年生の男子はスコップを持って登校するよう指示された。体育の時間を利用したと思うが、石炭貯蔵室へ石炭を運び込んだ。冬の間は、廊下側から石炭貯蔵室に入り、1日分の石炭を教室備え付けの石炭箱に入れて、教室のストーブの側に運んだ。

(6) ストーブ当番

冬の週番の仕事には、ストーブの焚付け、放課後に灰と炭殻を掃除して捨てることが加わった。ストーブの側には、デレッキ（ストーブの中の石炭を燃えやすく均す道具）、十能、石炭箱が備えられていた。

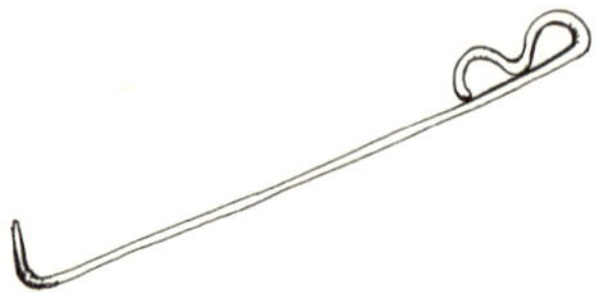

デレッキ

掃除道具入れにしまってある炭殻用のブリキのバケツに、火が消えたダルマストーブから灰と炭殻を十能で取り出して入れた。雪道の中バケツを持って、グラウンドの向こう側にある炭殻投げ場に、投げに（捨てに）行った。

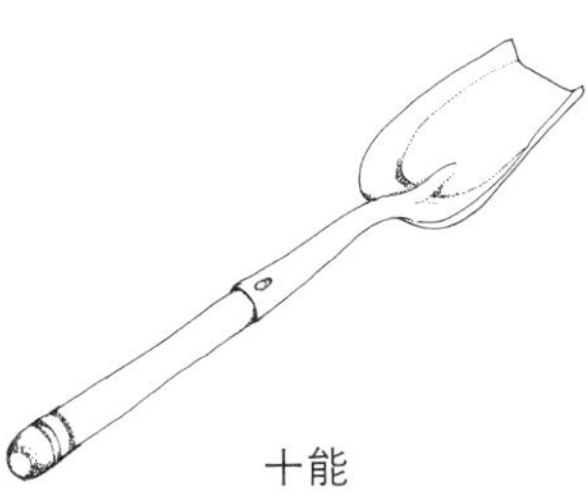

十能

3　村の行事

(1)　盆踊り

盆踊りは、稲富の青年団が中心になって、８月初めから準備が始まった。夏休みの小学校のグラウンドに、太鼓を乗せて叩く高さ４ｍほどの櫓《やぐら》が立てられた。準備段階から、毎晩、太鼓の音と北海盆歌が聞こえてきた。８月15日の夜が盆踊りであった。盆踊りは、稲富の人たちが大人も子どもも一緒に、櫓の周りを回って踊った。８月初めから太鼓も歌も踊りも毎晩練習している人たちも、飛び入りの人も一緒に歌い踊った。踊りの審査をする人も決められていて、審査員席で踊りを審査した。結果は最後に発表され、表彰された。審査の基準はどのようなものであったか、わからない。

盆踊りの歌は、稲富で歌が上手い2、３人の人が歌っていた。男が多かったと思う。北海盆歌が歌われたが、ちょっと卑猥な替え歌も多く、我々子どもたちは想像を逞しくして頭に刻み込んだ。

(2) お祭り

稲富のお祭りは秋祭りで、9月に鳥居、神社、奉納相撲の土俵、広場がある境内で行われた。催し物といってもあまり無かったと思う。私が憶えているのは、奉納相撲と旅回り劇団の芝居(後年には、野外映画会になった)と香具師《やし》の出店位である。香具師の出店は、夜になるとカーバイドの明かりを灯した。昼から夜まで行事は続いていたと思うが今は思い浮かばない。旅回り劇団の芝居は、広場に組み立てた照明付きの舞台で演じられた。小学校の学芸会よりずっと本物の匂いがした。侍丁髷《ちょんまげ》ものが多かった。

奉納相撲は小学生が主で、青年団の相撲は出場者が少なく2、3年に1回あるかないかであった。青年団の相撲は迫力があり、見ていておもしろかった。お祭りの相撲には、隣部落から遠征参加する者もたまにいた。賞品はノート、鉛筆などの学用品であった。私も必ず出場した。

私の体は同年代の中ではとても小さかったが、大きな相手の股の下に首を入れて抱え挙げて土俵の外に運んだ。吊り出しではなく担ぎ上げ出しみたいではあるが、四十八手にない手だと思う。

❖稲富で見つけた土器、石器

1　遺跡

中園から稲富の平野に下ってくる南向きのなだらかな斜面の畑には、土器の破片が混じっていた。2、3m歩くと土器のかけらが見つかった。弥生人が来なかった北海道で見つかる土器で、縄文時代以降の新しいものは多分オホーツク文化圏のものだと思うが、土器の破片の文様とか、土器の全体の形はわからなかったので、なんともいえない。

十勝石の鏃《やじり》は、裏の丘の畑で見つけた。4cmくらいの整った形の鏃であった。これを見てから、私は父が教えてくれた土器の破片が多く見つかる中園から下ってくる畑をうろついた。しかし、土器の破片しか見つからなかった。

父から聞いた、網走郷土博物館の米村喜男衛さんのモヨロ貝塚にまつわる話も興味をかきたてた。網走郷土博物館を初めて見たのは中学生のときであった。同級生にアイヌ民族の人もいたが、普段表立ってアイヌ民族のことに触れることはなかった。しかし、網走郷土博物館に展示されているアイヌ民族の人骨の特徴や我々シャモとの関係などは、随分熱心に見学した。

稲富に土器や十勝石の鏃を残した人々は、どのような人々だったのかは、結局わからなかった。

あとがき

自然豊かな北海道の生活というにはかなり過酷な、極寒の冬と短い夏をもつ稲富の生活だったように思う。そこでの暮らしは、自然と結びついた自給自足に近い生活で、自然から学ぶことも多かった。狩猟や魚獲りでは動物たちの自然の習性を知らなければ捕らえることはできなかった。野山のブドウ、コクワや春の野草にしても、どこにどのような生え方をしているかを知らなければならなかった。大学の後輩が私と同じ会社に入ってきて、私の狩猟の話や魚釣りの話を聞いたあとで、「成ヶ澤さんは、縄文時代の人みたいですね」と言っていたのが思い出される。

石村さんは、学生時代から網走市稲富の私の家に来たことがある人である。四国出身で離農して入学し、私より13歳年長の人で今に至るまで友人先輩としてのお付き合いをさせていただいている。40年を経て、私も定年退職し、第二の人生を送り始めたころ、石村さんは稲富の私の生活を書くことを強く勧めてくれた。考えてみると、私の少年時代の生活は今の人たちが知らないこと、見たこともないことが多くなってしまっていることに思い至った。特に、私が少年時代に夢中になった狩猟や川漁などは、稲富でもやる人は少なかった事で、記録に残す価値があるように思えた。

そこで、毎日少しずつ原稿を書き石村さんに送ることにした。最初に章立てを考え、石村さんに送ると、石村さんは早く読みたい章を知らせてくれた。それに従い、最初に狩猟(ウサギ、エゾリス、カモなど)の話から書き始めた。毎日、1つの題が短く完結するくらいの文章をメールで送った。翌日から早速、石村さんの稲富を懐かしむ感想や四国での生活と重ねあわせた感想が届き始めた。たまにサボったり休んだりすると、すぐ催促のメールがきた。このおかげで、1年近くかかってようやくこの本の原型となる文章が完成した。

1年にわたって送ったメールをまとめた時、石村さんは網走の郷土史家菊池慶一さんに紹介してくれた。菊池さんは、たくさんの著書を出しており、出版社にも詳しい方である。菊池さんは、原稿を読むとすぐ札幌の共同文化社に紹介してくれた。幸いにも、共同文化社には出版する事を決めていただき、出版へと動き始めた。私の初めての本が、とうとう世に出ることになったわけである。しかし、その後挿絵の準備など、初めてのことばかりで、出版までにずいぶん時間がかかってしまった。

挿絵を描いていただいた桜井あけみさんは、私と同じ道東出身の人で、東京の会社で一緒だった時期があり、その後知床に移り住んだ人である。北海道の人にしかわからない事物も、桜井さんは理解してくれて、随分助けられた。仕事を持っていて忙しい桜井さんに、挿絵をかいていただいたことに感謝する次第である。

一部の挿絵は、娘の木村昂枝に描いてもらった。感謝している。
最後になったが、編集の長江ひろみさんには、本の構成、文字や言葉の選択、文章の校正で長い間ずいぶんお世話になった。深く感謝申し上げる。

平成25年3月

秦野市は湘南とされてはいるが、実は10㎞ほど内陸の鶴巻温泉にて

成ヶ澤憲太郎

成ヶ澤 憲太郎

1946年網走市字稲富に生まれる。1965年網走向陽高等学校を卒業し、北海道大学に入学する。1974年北海道大学大学院地球物理学専攻博士課程を3年で中退する。同年アジア航測株式会社に入り、リモートセンシングの研究に従事する。1999年リモートセンシングの研究により博士（工学）を授与される。2005年アジア航測株式会社を退職し、地元の小規模建設会社で積算を手伝う。現在、神奈川県秦野市在住。

〈挿画〉桜井 あけみ
主婦。知床在住。

少し昔、北国の小さな村の昭和暮らし
——網走稲富物語

2013（平成25）年4月3日 発行
著 者 成ヶ澤憲太郎
発行所 株式会社共同文化社
〒060-0033
札幌市中央区北3条東5丁目
電話011-251-8078
http://kyodo-bunkasha.net/
カバーデザイン 須田 照生
印刷 株式会社アイワード

ISBN 978-4-87739-231-4 C0095